现代豫剧之父

樊粹庭 画传

石磊 著

河南文艺出版社
· 郑州 ·

图书在版编目（CIP）数据

现代豫剧之父樊粹庭画传/石磊著. —郑州:河南
文艺出版社,2021.6

ISBN 978-7-5559-0723-7

Ⅰ.①现… Ⅱ.①石… Ⅲ.①樊粹庭（1906—
1966)-传记-画册 Ⅳ.①K825.6-64

中国版本图书馆 CIP 数据核字（2021）第 046405 号

选题策划　陈　静
责任编辑　陈　静
责任校对　赵红宙
书籍设计　吴　月
责任印制　陈少强

出版发行　河南文艺出版社
本社地址　郑州市郑东新区祥盛街 27 号 C 座 5 楼
承印单位　河南瑞之光印刷股份有限公司
经销单位　新华书店
纸张规格　700 毫米×1000 毫米　1/16
印　　张　18.75
字　　数　70 千
图　　片　313 幅
版　　次　2021 年 6 月第 1 版
印　　次　2021 年 6 月第 1 次印刷
定　　价　86.00 元

印厂地址　河南省武陟县产业集聚区东区(詹店镇)泰安路
邮政编码　454950　　电话　0371-63956290

樊粹庭 (1906—1966)

目　录

现代豫剧之父樊粹庭画传

彪炳梨园　光耀华夏

第十二届全国政协教科文卫体委员会副主任
河南省政协原主席　　　　　　　　　王全书
中华豫剧文化促进会会长

　　2005 年，河南大学出版社推出了《豫剧名旦六大家画传》。当初的书名是《豫剧六大名旦画传》，为便于和人们耳熟能详的"豫剧五大名旦"的提法相衔接，我建议将书名改为《豫剧名旦六大家》。我在为《画传》所作的序言中说："为六位艺术家出传记，这不仅是彰显她们不朽的艺术成就和叙说她们走过的极其不平坦的人生之路，其意义更在于让我们重新感悟她们苦为艺术、情系人民、心向祖国的高尚情操和无私奉献的爱国主义精神，激励我们要勤于事业，报效祖国，对得起百姓。"

　　现在，河南文艺出版社又要为被世人誉为"现代豫剧之父"的樊粹庭先生出画传，又邀我作序，我欣然应诺。

古人云：山不在高，有仙则名；水不在深，有龙则灵；地不在大，有人则兴。那些老艺术家，可算是我们中州菊坛上的人尖、精英。他们从上世纪二三十年代起，或跑乡村野台，或占都市戏楼，度过了近一个世纪的粉墨春秋；或在某一剧种独树一帜，或为某一流派创世奠基，或对某一行当有开启之功，或对某一剧目另辟蹊径……他们是豫剧天地中的璀璨明星，曾开创过令我们中原戏曲人为之骄傲的时代！

　　纵观百年中原文化，樊粹庭先生堪称一位颇具献身精神的佼佼者。一个出身于书香门第、殷实富家的子弟，留学欧美预备班的大学生和河南大学第一个文科硕士生，为了把他所热爱的乡土民间艺术推向城市，推向中华文化的艺术长廊，甘愿放弃省教育厅的官职，混迹于穷苦艺人群中，变卖了家产，担着忤逆不孝的罪名，遭受父亲脱离关系、家庭分崩、社会不容的打击，矢志不移地建剧院、组剧团、办科班、写剧本、培演员，把一生献给了豫剧的改革和发展。豫剧在他手里完成了由乡村草台到城市剧院的转变，完成了文场、武场音乐的定型，确立了豫剧经典剧目，培养出了陈素真等一大批影响深远的豫剧艺术家，成为第一位投身豫剧艺术的高级知识分子，第一位给豫剧写本子的职业剧作家，第一位豫剧艺术的导演，还是开创豫剧戏校的第一任校长，是推动河南戏曲文化转型的当之无愧的主要推手。

　　2012—2013年，我们中华豫剧文化促进会参与了《樊粹庭文集》（下称《文集》）的出版工作，作为《文集》编纂指导委员会主任，我在《文集》出版座谈会上作了中心发言，并接受了《人民政协报》记者的专访。今借《现代豫剧之父樊粹庭画传》（下称《画传》）出版之机，我也不揣浅陋，试对樊粹庭其人其事作一解读。

　　解读之一：一位豫剧改革先驱的动态展示，一尊"现代豫剧祖师"的不朽雕像。

　　《画传》以翔实的文献史料，丰富珍贵的图片，生动展示了一位豫剧改革家胸怀大志、百折不挠的人生历程，塑造出一尊温文尔雅、节操刚毅的"现代豫剧祖师"的不朽雕像。如果说，学生时代的他喜爱京剧和新兴话剧是出于天性和偏好，那么，1934年秋，在结束了长达两年的全省性戏曲调研，毅然辞去河南省教育厅社会教育推广部主任之职，顶着亲友歧视、家庭破裂的重重压力，义无反顾地投身于豫剧改革事业，历尽坎坷艰辛而无怨无悔，则是他经过一番痛苦的思想斗争和理性考量后的自觉行动！这一重大抉择，不仅体现出他对本土戏剧的钟爱和执着，对豫剧所承载的中华民族文化巨大感召力的认知和理解，而且也包蕴着他对当时甚嚣尘上的民族虚无主义的否定与超越。正是这位身负"改革之任"崇高使命和献身精神的人，促进成就了中华豫剧的空前辉煌。

　　历史的变迁，使许多显赫一时的东西烟消云散；时光的流逝，使许多喧嚣一时的东西归于沉寂。而樊粹庭终其一生所从事的中华豫剧改革和"樊戏"，却与广大人民群众犹如不离不弃的患难弟兄那样相依相伴、休戚与共，始终没有停歇其内容与形式发展创新的步伐，并最终以非物质文化遗产的形态、以极强的生命力长留民间。感悟之一也。

　　解读之二："樊戏"以三维互动式的编演机制，提高了豫剧的文化品格。

　　"樊戏"改写了豫剧诞生三百年来向无原创剧本的尴尬局面，奠定了樊粹庭先生在中华豫剧发展史上首位编剧、首位导演和现代豫剧奠基人、开拓者的不争地位。"樊戏"的创作还原了20世纪30年代豫剧第一批自创自导自演剧目的庐山真面目。

　　研读"樊戏"剧本和《画传》所提供的其他史料，令人强烈地感受到，黄河儿女粗犷直率、热情奔放的精神气质扑面而来，中原文明渊深质朴、思理畅达的智慧之光璀璨夺目，樊粹庭先生的人格光辉和卓越才华熠熠生辉。正是基于对河南梆子凝聚的中原文明主体意识的珍视和坚守，他才决意抛弃名望地位，割舍父子亲情，毅然决然地创立"豫声戏剧学社"，接管改建"豫声剧院"；他辩证地处理继承与创新的关系，对剧场、舞台、器乐、声腔、表演、服饰、剧院管理与经营等，实施全方位革新，让每位演员都自尊、自重、自强，认定演戏是教化育人、净化人类灵魂的正当职业。有了这种自觉自信，他们自编自导的轻喜剧《凌云志》横空出世，一炮走红。此后两年间，他们又相继推出《义烈风》《柳绿云》《三拂袖》《霄壤恨》《涤耻血》《女贞花》，共七台大戏，均各具风采，引起轰动，使一向鄙薄豫梆戏的省城鸿儒耆旧也刮目相看，极赞《霄壤恨》诸剧为"警世之杰作，伟大的悲剧！"过去以跑野台、赶庙会维持生计的"靠山吼"，稳稳地占据了城市舞台，完成了豫剧都市化的华丽转身，一跃成为堪与京剧、昆曲、秦腔、川剧等比肩争衡的显要剧种。

"因人设戏"是樊粹庭先生戏剧创作的一个显著特征。以此为轴心，逐步形成了以编导为排演中心、以演员为舞台主体、以观众为接受群体的三维互动式编演机制。这种具有无穷张力的动态机制，激活了戏剧各要素的内部生机，为作家和演员施展才华、打造精品开辟了广阔的空间，使"樊戏"获得了巨大的成功，"樊戏"成为广大受众喜闻乐见的艺术种类。樊先生倾力为剧社台柱子陈素真量身打造本子，充分发掘其艺术潜能，调动其文武兼备、生旦俱佳的表演禀赋。樊粹庭和陈素真互相激励，珠联璧合，成为街谈巷议的焦点人物，后者更荣膺"河南梅兰芳""豫剧皇后"的美名！这种"因人设戏"的创作经验，后来又被樊先生发展成因材施教、培养和训练豫剧各行当名角的人才教育模式。1942 年，由流亡西安的豫籍难童为主体组建的"狮吼儿童剧团"，就是实施这种人才培养模式的范例。在当年师徒同居草棚、以稀粥菜汤充饥的极其艰苦的条件下，樊先生变卖全部家产，重金聘请京剧名家韩盛岫来团任教；亲自为唱功优异的关灵凤写悲剧《汉江女》《羽巾误》，为武功精良的王敬先编童话剧《红珠女》《金山寺》，为儿童班学员编武功戏《孙悟空大闹花灯》、连台本《无敌楼》等。短短数年之间，一批批豫剧精英脱颖而出，走出古城，活跃于全国各地的戏剧舞台，涌现出关灵凤、王敬先、华翰磊、张敬盟、石兆明、王景云、常警惕、邢枫云、李景萼等享誉梨园的豫剧名家，"狮吼儿童剧团"成为戏剧界公认的豫剧后起之秀的摇篮，彰显了樊粹庭先生提携新人、奖掖后进的前瞻眼光和战略思维。

解读之三：贴近世情、追踪时代、广摄博取、雅俗共赏的进步戏曲观。

樊粹庭先生沐浴着五四新文化运动的阳光步入大学殿堂，如饥似渴地钻研国学经典和西方戏剧理论，在其后的豫剧改革实践中，逐步形成中西合璧、圆融畅达的戏剧观和不拘一格、博采众长、求新求变的编导理念。面对昆曲和京剧的去俗入雅，樊粹庭将豫剧准确地定位为地方性大众艺术，于着力弘扬信义仁爱传统美德的同时，大刀阔斧地剔除旧梆戏词过于粗俗鄙俚的成分，提升其雅俗共赏的文化品位。"我的观众就是挑挑的、担担的、箍漏锅的、卖蒜的"，这一平易朴实的话语，道出了樊粹庭先生大众化、通俗化的审美追求和面向观众、贴近生活、追踪时代、雅俗共赏的进步戏剧观。樊粹庭先生是学养深厚的学者型剧作家，他的剧作大多取材于历史与典籍，但又不故作高深，而是化雅为俗、举重若轻、熔铸经史、贴近世情，既情节曲折、波澜起伏，又丝丝入扣、契合世道人心。戏词看似浅显无华，一经上演，便峰回路转，妙趣横生。"樊戏"的根基在大众、在民间，它张

扬的是一种永不过时的至真、至善、至美的天性，坚守的是艺、技、趣的"戏中三昧"，观众乐意看，演员愿意演，非常接地气，格外有人气，充盈着历久弥新的艺术魅力。

樊先生戏剧理念的前卫性，还突出表现在从不唯我独尊、固守门户，而是博采众长、兼收并蓄上。早在1937年春夏间，为了改造豫剧的声腔音乐，提高演员的表演技巧，他西访晋陕，南下湘鄂，东进江浙，北上京津冀鲁，观摩数十剧种，对各剧种的板式、声腔、乐器，尤其是京剧的武打、舞美和化装，直至话剧的布景、对白以及电影的剪辑、叠印等，都悉心揣摩，广摄博取，像蜜蜂采花酿蜜那样，将各家之长尽可能地融会贯通、消化吸收到豫剧的表演程式中来，使简陋粗野的河南梆子实现了质的升华。

"樊戏"大胆打破了传统剧作人为设置的大团圆结局的程式，另辟蹊径，他吸纳融摄西方的悲剧观念，舍弃了明清传奇中那条往往带有极大偶然性和虚幻性的"光明尾巴"，不再刻意地安排或苦尽甜来，或天子赐婚，或鬼神荫庇的结局，而是让剧情按照正常的逻辑发展，或悲或喜，或聚或散，令观众品味人生的苦辣酸辛，解悟世道的坎坷险厄，从而坚信邪不压正、公道自在人心，给人以道德的感化和精神的启迪。同时，他扬弃了西方悲剧理论对美与善不可逆转地走向毁灭的过分渲染，在悲剧主人公遭到戕害或冤杀的同时，揭露罪恶的根源，昭示光明的前景，让冤魂得到抚慰，给善良者以期待，使真善美的希望永驻人间。

解读之四：将戏剧视为寓教于乐、移风易俗、激浊扬清、净化人心的"宇宙事业"。

纵观"樊戏"所描绘的一幕幕惊心动魄的历史场景，透过一场场感人至深的悲喜剧，我们真切地触摸到樊粹庭先生站在风云变幻的时代潮头，关注民族命运、心系民生疾苦的脉动和情怀。在日寇的铁骑踏破国门的危难时刻，樊先生敏锐地寻找到历史与现实的契合点，以南宋初年山东济南节度使刘豫降金的史实为依据，编导上演了慷慨悲壮的《涤耻血》，极大地振奋了中原儿女抗敌御侮、保卫家园的爱国热情。其后更是一发不可收，又相继推出《伉俪箭》《克敌荣归》《巾帼侠》《歼毒计》《为国纾难》《花媚娘》等从不同角度呼吁同仇敌忾、为国靖难的醒世名剧，在艰苦卓绝的十四年抗战中，发挥了炽热的激励鼓舞作用。

与上述高亢激越的爱国主义主旋律交相辉映的是，"樊戏"精心塑造了一系列个性鲜明的女性形象，在传统文学的人物画廊中增添了众多光彩照人的巾帼英豪，表现出剧作家对妇女命运的高度关注，对长期禁锢于封建礼教桎梏中的弱势群体的深切同情。在他的笔下，甘守贫贱、助夫励志的刘桂芳，大义凛然、除恶扬善的童玉珊，深情内敛、侠心剑胆的蒋琴心，智勇双全、不让须眉的柳绿云，纯洁善良、性如烈火的邵巧云，心地坦荡、真情感天的邱丽玉，刚贞义烈、喋血涤耻的刘芳，勤勉孝顺、勉夫御寇的华慧娟，深明大义、以血谏友的罗剑琴，有勇有谋、励夫自新的黄丽影，忍辱负重、用死明志的花媚娘，温柔贤淑、苦尽甘来的吕玉美……这组情态各异的女性群像，无不血肉丰满，栩栩如生。从中可以窥见樊粹庭先生文思泉涌的戏剧创作才能和高超绝伦的形象塑造艺术。这种对男尊女卑传统观念的挑战和冲击，着实令后人由衷钦佩。众多社会剧、历史剧的联翩上演，令观众唏嘘感叹的一系列人物角色的成功塑造，使"樊戏"既在广大民众中获得了极高的声誉，又受到了上层人士的推崇。"樊戏"中，既有"下里巴人"，也不乏"阳春白雪"，有些则是"下里巴人"与"阳春白雪"的共生体、混合体。它应和了人民大众从戏剧中沐浴伦理道德、获得历史文化、满足艺术欣赏的情感渴望和艺术诉求。正如诗人、戏剧评论家苏筠仙（苏金伞）在当时的《河南民报》上著文所说："平常一般人认为鄙俗粗俚、不堪入耳的土调儿，现在竟惹得全城如狂、万人争道的高尚娱乐，妇人、孺子、引车卖浆者流固无论矣，即在上层社会的雾围里生活惯了的人，亦改变了一向鄙弃的观念，而毫不吝惜宝贵的时间，去整晚地坐在那里欣赏这地道的声乐。""樊戏"的火爆，雄辩地证明了樊粹庭先生把戏剧视为寓教于乐、移风易俗、净化人心、激浊扬清、匡扶正义的"宇宙事业"的超前性和进步性。

解读之五："樊戏"是中华豫剧从古典走向现代的一座巍峨丰碑。

1929年，樊粹庭先生被聘为河南省教育厅社会教育推广部主任之初，在他草拟的《民众教育建设纲领草案》中，就对"民众剧团"启迪民心、规风劝俗的宗旨作过明确的阐述；接着他又用三年时间，对全省百分之七十五县市的戏曲现状作了深入调查，因而对戏剧在实施民众教育、提高国民素质中的重要作用，有了更加深刻的认识。从豫声剧院到狮吼儿童剧团的二十余年间，樊粹庭先生始终坚守"戒绝旧剧恶习，充实自己德能，规正社会人心"的育人宗旨，要求学员先道德而后才艺，把演戏看成教育民众、塑造灵魂的神圣事业。他本人更是德艺双馨、身体力行，四十年如一日，以"重大担负者，舍我其谁"自任，毫不懈怠地下"埋头功夫"，全身心地投入编剧、导演、育才、演艺等系统性的艺术创造工程，与广大同仁一道，奋力把豫剧演化提升成为受众最多、传播最广、影响最大的地方剧种。

历史将樊粹庭与关汉卿、魏良辅、李渔等串联在一起，理所当然地把他定格为中华豫剧从古典走向现代进程中一架坚实的桥梁、一座巍峨的丰碑。戏剧艺术是文化史、思想史的重要组成部分。《画传》继《文集》而推出，将引领读者穿越晦明变幻的时光隧道，回溯中华豫剧乃至中华戏剧百年嬗变和转型的曲曲折折，领略"樊戏"演绎变迁的风风雨雨。透过一幕幕血与火交织的舞台画面、一个个呼之欲出的戏剧角色，我们一步步走近了儒雅干练的"现代豫剧之父"，感受他激情燃烧的岁月和永不枯竭的艺术创造力，缅怀其光明磊落的德行和崇高的人格，吟诵"樊戏"这一中华豫剧走向辉煌的史诗，共享"樊戏"这一中华戏剧文化的瑰宝。

序言的末了，我想援引几位已故著名戏剧艺术家对樊先生的崇高评价，重温名家大师对樊粹庭先生的高度共识：

杨兰春说："他是豫剧导演的开拓者"，"是豫剧第一改革家"，"纪念他，既有历史意义，又有现实意义"。

常香玉说："粹庭在豫剧事业方面的贡献是多方面的"，"他的经验在当前艺术表演团体的改革当中，也是很值得借鉴的"。

陈素真说："樊先生功绩昭著，他是豫剧改革史上的一位大功臣。"

崔兰田说："樊粹庭先生是个进步剧作家、锐意改革的革新家，为我们的戏剧事业做出了不可磨灭的贡献"，"他在戏剧方面的种种改革，对于我们当今的戏剧还发生着积极深远的影响"。

…………

习近平总书记强调："中华优秀文化是中华民族的精神命脉，是涵养社会主义核心价值观的重要源泉，也是我们在世界文化激荡中站稳脚跟的坚实根基。"

包括中华豫剧在内的中华戏剧，是中华民族的"身份证"，是我们民族精神的符号，是我国各族人民共有的精神家园，是世界艺术遗产中一份无比珍贵的财富。在大力传承和发展中华民族优秀传统文化的新时代，精心呵护、传承戏剧艺术这份遗产，将戏剧艺术与中国历史、社会、百姓之间的关系上升到民族精神与文化的高度，对于增进我们的民族文化认同感，增强我们的文化自觉与文化自信，都是大有裨益的。

《画传》图文并茂，装帧精良，是一项有着诸多新亮点和闪光点的文化建设工程，为广大戏剧工作者和"樊戏"爱好者进一步研究、了解樊粹庭先生及"樊戏"，提供了一部极好的辅佐读物，也为繁荣发展新时代的中华戏曲文化输送了正能量，传递了好声音。我谨向河南文艺出版社和所有参加《画传》编纂出版的专家和同志，表示衷心的感谢和崇高的敬意！

樊粹庭先生和他的"樊戏"，将永远彪炳梨园、光耀华夏。

前　言 │ "中国大百科"中的人物

打开《中国大百科全书》戏曲卷，在《近现代戏曲作家与作品》栏目中，记载的中国剧作家有十一位，他们分别是：余治、黄吉安、汪笑侬、成兆才、范紫东、罗瘿公、杨韵谱、陈墨香、田汉、马健翎和樊粹庭。对樊粹庭介绍、评价的文字是这样的：

樊粹庭（1906—1966），豫剧作家。原名樊郁，河南遂平人。1928年毕业于河南大学。在开封上学期间，常出入票房、戏院，与当地演员交往，曾多次粉墨登场。1934年，他以河南省教育厅社会教育推广部主任的身份，自筹资金，邀请豫剧演员陈素真、赵义庭、张子林等，在开封创立了豫声剧院，自任团长兼编剧、导演。他吸取京剧、话剧的优点，对豫剧的表演、音乐、服装、化装进行了改革。抗日战争爆发后，他取醒狮怒吼之意，改豫声剧院为狮吼剧团。1942年，因局势动乱，狮吼剧团在西安屡遭挫折，生计日艰，演员星散。同年秋，他招收一批难童，进行艺术训练，在西安办起狮吼儿童剧团，为豫剧培养了一批人才。新中国成立后，被选为西安市文学艺术界联合会副主席，中国戏剧家协会陕西分会副主席。

樊粹庭自 1935 年开始编写剧本，在二十多年内共创作、改编剧本五十八部，时人称之为"樊戏"，流传较广。影响较大的作品有：1935—1936 年编写的《凌云志》《义烈风》《柳绿云》《三拂袖》《涤耻血》《霄壤恨》《女贞花》；1937—1948 年编写的《伉俪箭》《巾帼侠》《好妻子》《为国纾难》《克敌荣归》《无敌楼》《叶含嫣》《汉江女》《席永平》《红珠女》；1949 年以后编写的《再生铁》《劈山救母》《王佐断臂》《杨满堂》。

樊粹庭多数剧作的思想内容比较健康、进步，具有一定的现实意义。演南宋时受金册封为皇帝的刘豫之女刘芳坚持抗金，捐躯沙场，以血洗耻的《涤耻血》；演中华侠女罗剑琴深入蚍蜉国巢穴，行刺敌酋高钦罗的《巾帼侠》；演杨家将后裔杨满堂抗击西夏的《杨满堂》；以及根据京剧《八大锤》改编的《王佐断臂》等剧；均具有爱国主义思想。《汉江女》《席永平》等剧写男女主人公在婚姻和爱情上遭遇的种种波折，对封建礼教和门第观念进行了批判。《霄壤恨》《伉俪箭》描写贫苦百姓不堪官绅的压迫和苛捐杂税的盘剥，而奋起造反，抨击了当时社会的黑暗。樊粹庭所编剧本，结构严谨，情节曲折，手法新颖。这些特点在《汉江女》《红珠女》《劈山救母》《王佐断臂》诸剧中尤为显著。……樊粹庭还是一位勤奋的戏曲导演，一生排戏六十多部，以细致、深刻见长。他讲究戏情戏理，主张活用程式，善于向兄

《三拂袖》剧照，陈素真饰演蒋琴心。 《涤耻血》剧照，陈素真饰演刘芳。

《伉俪箭》剧照，王敬先饰演黄丽影。

弟剧种学习。

辞书总是这样，在蒸发去所有的水分，抽取掉一切血肉之后，原本生灵活现的人物仅剩下一副干瘪之骨架。不到一千字的文字，樊粹庭先生用其毕生的精力所从事的豫剧事业和他对豫剧艺术所做的贡献就被讲完了。丰满这副骨架以鲜活的血肉，充足他本来应有的水分，使之复原为一个活生生的人，这就是我写这部书的初衷。

尽管"大百科"对樊粹庭先生的评述是那样的简略和平直，却言简意赅，要说的几个大的方面都提到了，

《红珠女》剧照，王淑惠饰演红珠女，许小青饰演赵海。

从而我们可以知道樊粹庭的才华是多方面的（包括编、导、演和教等），他对豫剧改革所做的贡献也是巨大和全方位的（比如表演、剧目、服饰、化装、乐器及艺术管理和艺术教育等）。在豫剧的发展史上，特别是近现代发展史上，樊粹庭先生的历史位置大概是可以定论的了：他是第一个为豫剧艺术写剧本的职业剧作家，也是第一个投身豫剧行列中的知识分子，是豫剧艺术第一位导演，豫剧艺术班社的第一任戏校校长，是河南戏曲文化由粗野俚俗的隰地，迈向雅俗共赏的殿堂转型期的有力推手，是豫剧艺术诞生近三百年来最伟大的戏剧家……

第一章 ｜ 中州大学里的"梅兰芳"

樊 郁

Y. Fan

莘亭 年十八岁

遂平

城内南大街路东北首本宅

同学录中的樊郁，即樊粹庭，
时年 18 岁。(樊爱众供图)

　　每个人一生所走过的路都会留下一条无形的轨迹，
只不过"大人物"的人生轨迹往往能引起人们的特别关
注，而所谓"小人物"的轨迹每每为人们所遗忘而已。如
果把一个人的人生经历用一幅坐标图来表示，你就会明显
地看到，它是一条用许多长短不等的小直线构成的曲折
线。在这条曲折线上，小直线与小直线的交接处，往往是
该人人生命运路口的转折点。构成这个坐标系的两条长
轴：一为其生命进程的"年岁轴"，一为其对社会所做贡
献的"价值轴"。当然这还仅仅是平面的图像。人是生活
在立体的空间的，应该用所谓"三维"的方式来研究他。

那么，构成这人生轨迹的立体坐标系的另一条轴线，理所当然地应该以历史的时代背景来充任，权且称之为"时代轴"吧。

樊粹庭人生坐标图"年岁轴"的零点是 1906 年农历二月初二，其人生轨迹的终点是 1966 年 1 月 1 日。那么，樊先生所生活过的六十年间之"时代轴"上都刻录着些什么呢？——1911 年的辛亥革命，1919 年的五四运动，1921 年 7 月 1 日中国共产党在上海宣告的成立，1937 年 7 月 7 日卢沟桥响起的罪恶枪声……直到 1949 年 10 月 1 日新中国宣告成立。就樊粹庭先生而言，从 1911 年，经 1919 年，一直到 1940 年，他组织"狮吼旅行剧团"最后落户到西安，其间历史上所发生的重大事件，特别值得人们研究。1911 年辛亥革命发生的时候，樊粹庭年仅六岁，是他入读私塾的前一年；即便以 1919 年五四学潮兴起的时候说，樊粹庭也只不过是个年方十四岁、甫自老家遂平县潘庄考入当时的河南省会开封留学欧美预备学校就读的农村孩子；1921 年中国共产党成立时，他才是该校二年级学生……但是，这些历史巨变在青少年时代的樊粹庭的脑海中、心灵里，有意无意都会留下或多或少的印象和影响，都会对樊粹庭以后人生观和戏曲观的确立起着巨大的作用。尤其在 1935—1940 年间，他对豫剧艺术所做的种种改革和贡献，已经确立了他在豫剧发展史上的位置。这是樊粹庭人生轨迹坐标图中最有价值的部分。

樊粹庭原名樊郁，字萃亭，后更名粹庭，出生在河南省遂平县关王庙乡潘庄一个比较殷实的家庭。仲弟彬，比其小十岁，老三名灿。祖父是个中医，主持家庭事由，生性吝啬，节衣缩食，将平时行医积累的钱财都买了田地，买来买去把自己买成了一个地主。樊粹庭的父亲是个受封建礼教教育颇深、思想比较保守的旧知识分子，当樊粹庭刚刚降落人世时，他还在汝宁府读书，古文底子极好，后来又考到当时河南省会开封的优级师范，毕业后在开封当了好些年的教员，后返回老家，曾任过遂平县女子中学校长。

樊粹庭从小天资聪颖，活泼爱动，喜爱文体活动，尤喜戏曲。他七岁入私塾，十二岁高小毕业，十四岁便考入河南省立留学欧美预备学校，专习英语，学制五年，相当于现在的高等职专。在该校就读学习成绩优异者，经校方荐举，可直接出国留学，校址就在今河南大学所在地。家庭对樊粹庭的求学抱有很大期望，寄望于他将来毕业后能步入仕途，继承家风，光宗耀祖。然而，这个天资聪慧之子，偏偏不喜读书，却与戏剧结下不解之缘。

樊粹庭在他的自传中讲到这段历史时说："我在此中学五年期内，不爱读书，每学期期终总评均分数仅能

樊粹庭故里碑——河南省遂平县潘庄村

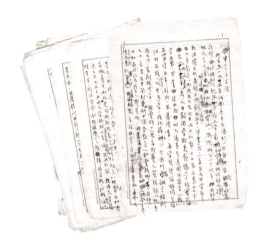

自传手稿，写于 1964 年。(樊爱众供图)

及格（丙等），几乎退学，我把精力整个用到搞戏上，话剧我也演，京剧我也学，我曾拜过老京剧艺人贺桂福和云路卿为师，又和当时的名艺人樊荣卿、高绍程等为友，还在开封康乐社票房学唱，并登台演出《马前泼水》《张松献图》等明场戏。夜间不睡觉，在月下练习身段，自习不上，有时引吭高歌，所以同学们都不愿意和我一个屋子居住。师长厌烦，家庭责备，同学们叫我'戏子'。"

与樊粹庭如亲兄弟一般的同窗吕宜园先生曾著文回忆，樊粹庭对京戏的痴迷程度在整个学校是出了名的。那个时候开封还很难见到留声机，只有相国寺里有个人用钻石针留声机在那里露天"卖唱"，即在院中放一张长案子，案子上放几个茶杯及几小本唱词，两旁放几条凳子，招徕很多人坐在那里品茶点唱，听罢随意给一两毛

同窗好友吕宜园

钱。每到星期日，樊粹庭和吕宜园及其他五六位同学常常去听，都渐渐对京剧产生了兴趣，虽说还不会唱，但戏词大多都能背上几段。光这样靠星期日短暂的时间听留声机，还是远远不能满足樊粹庭的戏瘾。不久，相国寺里那位玩留声机的收摊了，樊粹庭很为此事犯愁。这时有位同学告诉他，理化仪器室里有一部留声机，他听到后，高兴极了。有一天，他把锁着的理化仪器室的门弄开，偷出来一台用钻石针的旧留声机，并带有百代公司灌制的十几张唱片，都是谭鑫培、刘鸿声、汪笑侬、金秀山等名角的唱段。那时候留声机在开封还是一种很稀罕的东西。他拿到宿舍，在课余饭后总有十几位同学围着谛听。但光听唱片只能感受其腔调的美妙，而不解其唱词，甚感遗憾。过了段时间，不知樊粹庭从哪里弄到一个百代公司的唱词本，大家边看边听，非常高兴。

原中州大学6号楼，当年樊粹庭与同学经常在此楼的会议厅里排戏、演戏。

五年留学欧美预备学校毕业后在中州大学时期，吕宜园又和樊粹庭分在一个班，住在学校东二斋的楼上。某学期樊在开课前就替吕占好了房子，一个房间只住他们两个人。樊的目的并不是和他住一块便于切磋功课，而是让吕看守房子，以便他去校外学戏。吕宜园时常见樊粹庭下罢晚自习就上街了，很晚才回来，一打听，才知道他在街上不但结识了很多票友，并且投拜几位梨园中人为师，学起戏来了。那时候学戏是很贵的，每教会一出戏，学费要大洋六元。即便如此，樊粹庭仍乐此不疲，一口气学会了《扫松下书》（饰张广才）、《捉放曹》（饰陈宫）、《女起解》（饰崇公道）、《空城计》（饰诸葛亮）、《走马荐诸葛》（饰徐庶）、《马前泼水》（饰朱买臣）、《张松献图》（饰张松）等戏，并在学校成立"旧剧部"，自任部长，经常粉墨登场，颇受师生欢迎。在那一个阶段，往往是吕宜园就寝时还看见樊粹庭的床是空的，到次日一觉醒来，却见他在蒙头酣睡，不知道他是什么时候回校的。当时吕宜园为了这个事情很是纳闷了一阵子：夜间校门已经关闭，他是怎样进来的呢？后来才知道，因为学校东边大操场的围墙很低，夜晚校门关闭后，樊粹庭都是翻墙回来的。由于晚上睡眠不足，翌晨起得很晚，常常耽误吃早饭，他总是慌慌张张地吃碗开水泡馍就去上课了。逢到星期天更不用说，那是一顿饭也不在校吃，他还向吕宜园抱怨："我搭伙太吃亏了，炊事班赚我赚大了！"

在 20 世纪二三十年代就与樊粹庭结识、并共同在冯玉祥组织的河南农村组织训练处艺术股共事的李雪峰女士，回忆樊粹庭的戏曲才能时说："他天赋很高，聪颖才智，虽为票友，但唱做不俗。嗓音较窄，却不失圆润高亢，很受观众喜爱。（20 世纪）20 年代，樊郁在河南开封京剧票界很有名望。"

校园里一字排开的东十斋，樊粹庭曾居住在东二斋二楼。

齣劇部長樊郁化裝影
Mr. Fan Chairman of the Chinese Dramatical Club

同学录中的樊粹庭京剧化装照

　　每年的寒暑两个假期樊粹庭都不回老家，留在开封，不是看名角的戏，就是去票房"票"戏。正在开封上学的弟弟樊彬也就趁机搬来与哥哥住在一起，樊粹庭经常拉弟弟去看戏。

　　这一天，樊粹庭拉上弟弟到被誉为"开封王府井"的马道街逛街。待走到黄金戏院门口时，樊粹庭对弟弟说："进去看戏吧？""什么戏？"弟弟问。"京剧。""那好吧。"于是哥儿俩走进了戏院。一进戏院，到处有人给樊粹庭打招呼："樊少爷来了，前排坐——""给樊少爷沏茶，要'鼎冒'的！"……

　　兄弟俩就座不大会儿，第一出戏开演了。这时樊粹庭拍了拍弟弟樊彬的肩膀说："你一个人先看戏，我一会儿就回来。"说完，就往

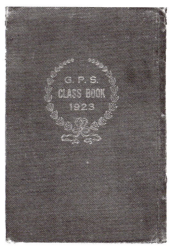

河南留学欧美预备学校 1923 年同学录封面(右)及序文

后台的方向跑去。过了好一会儿，樊彬左等右等也未见哥哥回来。这时第二出戏开锣了，只见上来一位老者，戴着白胡子，手里拿根马鞭，嘴里咿里乌拉还唱些什么，说着什么。樊彬虽然听不太懂，但总觉得台上这位老者有点面熟，很像爷爷的模样。过一会儿又上来一些人，老者又咿里乌拉唱了些什么，最后都下去了。樊彬意识到这出戏唱完了，可还不见哥哥回来。他正东张西望，只见樊粹庭从后台那边走出来了，弟弟赶快迎了上去。

弟弟问："你去哪儿了?"哥哥答："到那边上个厕所。"弟弟又问："去那么长时间?"哥哥再答："解个大手嘛!"弟弟似恍然有所悟："哦，那个演白胡子老头的是不是你啊?"哥哥咯咯一笑："你看出来啦?""我说怎么那么像爷爷，原来真是你呀！""回家千万千万别给爷爷讲，啊？""我——知——道——"

…………

1923年冬，樊粹庭十八岁，他终于熬到了毕业。但因接不到国家投资款项，留学欧美预备学校经费拮据，无力遣派学生出国留学，就此停办。后来和几个专科学校合并，成立了中州大学。至1927年6月，冯玉祥在开封执政时期，该校又改名中山大学（今河南大学前身）。樊粹庭对学校的前途并不关心，反而更加热心于看戏、学戏，而且觉得，如此学戏得不到真传，成不了正果，于是便产生上北京学戏的念头。他对几位同学说："政府要取消我们的学校，不让我们去美国留学，没关系，

同学录中的学生合影，前排右起第五人为樊粹庭。

学校剧团演出文明戏(话剧)《维持风化》,樊粹庭(右四)饰演一位时代新女性。

我去北京学戏,唱出了名,当上名角儿,包银积至上千、上万,我拿钱叫全班同学都去美国留学。"不料,其中一位好事的同乡同学,将此信息拍电报告知了樊父。老父亲闻讯后,马不停蹄赶往开封,先替儿子交了学费,然后盛怒之下,一手执着缴过学费的收据,一手捧着安眠药瓶,对樊粹庭说:"你安心上进,立即持单据去上学;你去学戏,我就服安眠药死在你面前,免得我亲眼看见你玷污祖先。"

在父亲的威逼下,樊粹庭答应继续上学,但是"恶习"不仅没改,反而变本加厉,更加肆无忌惮地看戏、学戏和演戏。他不仅唱京剧,还选修了戏剧家陈治策先生的戏剧课,听其课,读其书,研究他做学问的理念。

1990 年代原中州大学校门

受其影响，又开始学演"文明戏"（即话剧），像陈大悲编写的《维持风化》，熊佛西编写的《复活的玫瑰》，以及其他名作如《烙痕》《金钱与革命》等，他都演过，而且擅长反串女角。因为当时学院里的女生上台演戏者毕竟还是少数，樊粹庭身材不高，长得很精干，英俊文雅，扮起女相来十分惹人喜爱。有一次，演出陈大悲编剧的《维持风化》，樊粹庭饰演一位忽嗔、忽喜、忽怒骂、忽妖媚、仪态万方却极尽泼辣风骚之能事的姨太太。由于他做戏认真，演得惟妙惟肖，楼上楼下观众笑得前仰后合，不断爆发出阵阵掌声与叫好声。翌晨，美籍教授哈·亨利博士在上课的路上见了樊粹庭，对他高喊："梅兰芳，梅兰芳！演得太棒了！"还对着他连连作揖示好……从此，中州大学里的"梅兰芳"之誉，便在同学们中间不胫而走，传遍校园。

于是乎，一位学贯中西，识通古今，编、导、演无所不能，将对整个豫剧艺术进行全方位改革的戏剧大师，就在这古老开封文明的浸润与呵护下孕育诞生了。

第二章 │ 热衷民众教育的"樊主任"

1928 年冬，风华正茂的樊粹庭大学毕业了，时年二十三岁。由祖父做主为他说了一门亲事，女方是离潘庄不远的火龙庙村一张姓女子，比樊粹庭大一岁。两家家境均较为殷实，堪称门当户对。婚后张氏生下一子，取名尚文。

樊粹庭毕业后的一年间，日子过得并不顺心。和他一起毕业的同学，有靠山的当官去了，家底厚的做生意发财去了，大部分同学当了教员，有些想继续深造的，也都分赴天津、北京、上海等大都市上学了，唯独他樊粹庭，一不想升官二不想发财，一门心思只想干戏。但是干戏又何尝容易，"时运"不到，"劫难"未完，他还得苦煎苦熬地干候着。其间干过小职员，参加过"妇女放足运动"，还教过几天戏剧课，但干得都不遂意，他苦闷极了……

到了 1929 年秋，樊粹庭听说曾任中州大学校长的张鸿烈先生现为河南省教育厅厅长，便给他写了一封求职信。就是这位张老先生，知人善任，答应了他的要求，先是派他到省教育厅办的《教育时报》当编辑，就在樊

现代豫剧之父樊粹庭画传

张鸿烈(1886—1962),字幼山,河南固始人。曾任河南留学欧美预备学校校长、中州大学校长,兼任省教育厅厅长,是早期河南大学重要的领导人。

粹庭为自己不适合当编辑而苦恼时,两个月后,正好厅里的社会教育推广部主任一职空缺,便委任他做了主任。官儿并不大,只是一个主任科员职位,还不是正式的行政编制,却是专管全省戏曲、电影、体育诸项工作的主管。

樊粹庭非常喜欢这个工作,对工作充满了热情和朝气。他从上海购来磨电机一台,放映机一架,外国的断片一卷,以及国产故事片和有关普及民众教育的纪录片六十多部,带领三五名科员,到各县市放电影,普及"平民教育",宣传进步文化。从1931年冬天起到1934年秋止,他们扛着电影机,打着"为人不读书,不如一口猪"的标语,跑遍了河南百分之七十五的地市县乡。在此阶段,樊粹庭一边放电影,一边学拍电影,钻研电影艺术独特的表现手法——蒙太奇。在他的策划下,还

任职河南省教育厅社会教育推广部主任期间，樊粹庭时年 26 岁，1931 年
摄于开封。(樊爱众供图)

① 1935年，陈素真摄于开封。

② 1937年，陈素真演出《柜中缘》。

真的拍了一部名为《开封风光》的纪录片，记录下作为
七朝古都汴梁当时的风土人情，是非常珍贵的文物资料
片。与此同时，樊粹庭还考察了诸多河南的地方戏剧种，
特别是作为河南第一大剧种的豫剧（时称"河南梆子"），
结识了很多豫剧名艺人，如张子林、聂良卿、刘荣鑫、
筱火鞭等，看了他们的许多戏，对豫剧产生了极浓厚的
兴趣。

1928年初登舞台，因一出《反长安》吃了倒彩、被
观众轰下舞台的陈素真，随父亲陈玉亭移居杞县，卧薪

尝胆，发奋励志，艰苦磨炼了整整四个春秋，学成一身本领后，此时也杀回开封。还是那出《反长安》，还在当年演戏的戏院（永乐舞台），赢得的却是开封观众热烈的掌声和喝彩声，可谓"三年不飞，一飞冲天；三年不鸣，鸣必惊人"。陈素真回到开封仅仅两个月，就被观众称为"河南梅兰芳"。清末举子邹少和在《豫剧考略》一书中描述："豫剧向无坤伶，近十年来始有之。就中陈素真者，为坤伶之翘楚。珠喉玉貌，举止娴雅，能造新音，尤工表演，一时以豫剧中之梅兰芳视之。"

陈素真的出现，使樊粹庭眼前为之一亮，精神为之一振，好像在一块广阔但荒芜的土地上，闪现出一丝丰收在即的希望。曾崇拜过"伶界大王"梅兰芳的樊粹庭，

1937年，邹少和著《豫剧考略》一书，对豫剧的区域、派别、角色、词句、字眼、音调、板眼、乐器、剧目、名伶、班主、沿革等方面作了比较全面的介绍，概括了从清末到抗战前豫剧发展的基本情况，为豫剧存史立传。邹少和堪称豫剧史论第一人。

此时又被"河南梅兰芳"彻底迷住了。于是，一种奇特的想法在樊粹庭的脑海中暗自萌生……那一时期，樊粹庭几乎天天跑剧场去看陈素真的戏。

陈素真曾撰文回忆："（1934 年）快入冬时节，我突然发现一位穿西装革履的观众，坐在市民、小贩中间看戏，几乎天天来，尤其日场戏，他几乎不卯。他那身打扮，说句玩笑话，那真是羊群里跑出个驴，显眼得很咧。我当时很奇怪，自我演戏以来，破席棚的剧场里，就几乎没有见过衣帽整齐的观众，更说不上穿西服的人啦，他会是谁呢？……以后我在台上也开始注意他的动向了，我见他看戏看得很仔细，有时还在本子上记什么，从没见他鼓掌叫好，简直是个怪人。谁能料到，就是这个穿西装的特殊观众，对豫剧这个剧种进行了大力改革，对我以后的艺术事业产生了重大影响，而且这一切又是在极短的时间内魔术般地完成的……"

第三章 │ "我就是唐庄王"

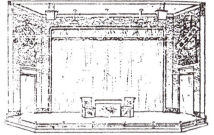

豫声剧院舞台装置效果图

就在 1935 年 1 月 24 日《河南民报》第六版，刊发了这样一则消息："教育厅推广部同仁最近发起组织了一豫声戏剧学社，社址在中山市场内前永乐戏院旧址。昨开始改建为四方形中式戏楼，约本月底可竣工。约在下月初旬即可开班训练，并开锣排演旧戏云。"

原来，在 1934 年秋，樊粹庭向省教育厅募捐和社会商界集资，筹到善款一万多块现大洋，请留美工程师李敬斋设计剧场改造图，在永乐舞台的旧址上重建起豫声剧院兼豫声戏剧学社，实现了他在看到陈素真的戏后脑海里所产生的"奇特的想法"。直至 1937 年"七七事变"

现代豫剧之父樊粹庭画传

1935年1月,永安舞台全体演职员在开封火神庙内的剧场门前合影。前排左起第三人为王润枝,第四人为马双枝,第五人为阎立品;第三排左起第二人为赵清和,第四人为杨金玉,第五人为于从云。

前，不到四年的工夫，经樊粹庭的努力改造，河南土梆子确实发生了天翻地覆的变化。

在20世纪二三十年代，开封相国寺内四家戏院——永乐、永安、国民、同乐的演出条件都很差，搭的都是席棚，一下雨就停演。台下观众的座席，是用木板搭建的排排长凳，凳子前面再横条木板放茶水、水果等吃食。票分三等，中间是男座票，西边是女座票，东边是站签（即站票），男女不得混坐。观众亦大部分是出苦力的劳动人民，所谓上流人物是从不看"土梆儿"戏的，怕失了身份。一进戏院你看吧，沏茶的，卖零食的，打手巾把的，在过道上来来往往，那个乱劲儿就跟侯宝林先生相声《挂票》里说的差不多……

而新建成的豫声剧院是一个新式剧场，仅大门的山墙就有近四丈高，白漆粉墙，大门左边是售票房，窗口上方挂有剧场座位一览图，每个座号上都有个小铁钉，钉上挂有一个小牌儿，观众取牌号购票，然后对号入座；剧场全用木板和油毡铺顶，舞台上面是用灰瓦墁顶；池子底下一律青砖墁地，且前低后高，宜于观众看戏。东西两厢均为站签池，可容一两千人，用木栅与中间池座隔开。中间池座男女可以混坐，约四百座位；池座最后一排是专为保安警察设立的"弹压席"，负责剧场安全；舞台上挂有绘图天幕，右侧用绿纱格屏风将乐队与演员分离开来——这种舞台装置一直沿用至今。到了炎夏，池座上方还安装有人力风扇，为观众祛热取凉；剧场内不准抽烟，专门设有观众吸烟室……这些是当时省城开封的观众从来没有见过的。

在剧场修建的同时，樊粹庭就将当时豫剧名流，如陈素真、张子林、赵义庭、刘朝福、玫瑰花、田岫玲、黄儒秀、刘黛云、陈玉亭等集中起来，成立了"豫声戏剧学社"，进行整顿学习，专门为他们讲习文化和道德文明。从演员的生活习俗、道德作风到演出台风、舞台装置、服饰、道具、灯光、剧目、内容、表演艺术、声腔、乐器等，进行了全方位的改革，剔除掉旧戏班中的一切恶习行规，并制订了新的规章制度。

前台的制度是：一、不许误场。二、不许笑场。三、不许闹场。四、不许懈场。五、不许饮场。六、下场时不进入后台，不许放松架子和台步。七、前场做跪拜动作时不许用垫子。

后台的制度是：一、不许吵架骂街。二、不许打闹玩笑。三、不许高声喧哗。四、不许横躺竖卧。五、不许敞胸露怀。六、不许随地吐痰。七、不许乱扔东西。八、不许带亲友进入后台。九、不许化好装后吸烟。十、不许看戏不买票。

制度光定出来不行，樊粹庭对违反制度的人处分很严。犯第一次，只说说你，下次注意；犯两次，受训斥；犯三次，在后台罚站；犯四次，罚跪；犯五次，挨打……这些条条框框制定出来后，几乎天天都有人受罚。当时剧团里两个很有名望的红武生黄儒秀和赵义庭，因动手打架，违反了后台制度，樊粹庭就罚他们一个面对东边的柱子跪着，一个面对西边的柱子跪着。聂良卿，当时一位很有名气的男旦，因倒卖黑戏票，在散戏后召开的全体大会上，被罚在台上当众跪下，还挨了板子。刘朝福是位名小生，平时非常洁身自爱，只因为脾气不好，常与别人吵架，也在后台被罚过一次跪。

樊粹庭是个很自律的人，对所定制度他处处以身作则。比如第十条"不许看戏不买票"，他请人看戏，无论长官、专家、媒体记者，抑或是同学、亲戚、朋友，一律自己掏腰包买票。据他的同窗好友吕宜园回忆，有一次剧团在商丘演出樊粹庭的新戏，他应邀赴商丘看戏，"每天都是樊邀我和陈素真一起吃晚饭，吃过晚饭，陈素真回戏园子化装，随后我和樊到了戏园子门口，他按规矩给我买了一张戏票，才领

创建豫声剧院时期,樊粹庭时年 30 岁,1935 年摄于开封。
(樊爱众供图)

我一同进场，坐在前排"。

樊粹庭在剧团废除迷信，移风易俗，不许演员再说戏班里的行话、黑话，不许烧香叩头，不许再敬奉庄王爷。他经常给演员开玩笑说："你们祭唐庄王，给他烧香叩头，可他会给你们盖新剧场吗？他会给你们分'份子'、发'包银'吗？祭他还不如祭我，我就是唐庄王！"

除此之外，樊粹庭对豫剧的传统剧目、表演艺术、舞台作风、服饰道具，甚至声腔和乐器，均进行了全方位的改革。即以现在豫剧音乐伴奏的主要乐器板胡来说，就是樊粹庭在1937年从山东梆子中将它引进豫剧的伴奏中去的。最早豫剧的伴奏乐器仅有二弦（有人称为皮胡琴）、三弦、月琴组成，号称"老三手"。板胡的加入，增强了豫剧音乐的表现力和抒情性，被当时的观众誉为"新调"，一直沿用至今，成为豫剧的"主弦"。再比如说二胡和笙这些乐器，均是因1936年上海百代唱片公司为陈素真灌的唱片，樊粹庭听后嫌乐队的伴奏太刚硬、欠

豫声剧院首场演出《赶花船》《卖衣收子》剧目单，刊于1935年2月5日《河南民报》。

柔媚才加进去的。

经过近一个月的培训，1935 年 2 月 5 日，即农历大年初一，豫声剧院公演了，第一天的戏码均由陈素真主演，日场《赶花船》，夜场《卖衣收子》（即《桃花庵》），开封观众反应极好。时隔不久，《河南民报》5 月 4 日刊文曰："豫声剧院，设备完善，为本市梆剧院之翘楚。该院坤伶陈素真，能剧颇多，说白清楚，唱作兼优，颇受观众欢迎，每晚座无隙地，足见其魅力不小云。"

就是在这样的艺术氛围中，樊粹庭的处女作、也是豫剧的第一部原创剧目《凌云志》呱呱坠地了。随后一发而不可收，《义烈风》《三拂袖》《柳绿云》《霄壤恨》《涤耻血》《女贞花》剧作相继问世。这七部剧作便是中国豫剧史上的第一批原创剧目，剧中所有的艺术形象均为豫剧所独有，是豫剧史上从无到有，实现"零"的突破。它们以其鲜明的主题、丰富的情节、生动感人的人物刻画、清新质朴的语言，在观众中产生了巨大的

1936 年，上海百代公司为陈素真灌制《霄壤恨》等七出戏，共十张唱片。（选自《豫剧之光：陈素真百年诞辰纪念影册》）

反响，人称"樊戏"。这些戏因其高度的艺术典型性，故具有长久的艺术生命力，经得住时间的考验，经后人整理、改编、重写后，至今仍然活跃在当代的舞台上，受到观众的喜爱。

1936 年，上海百代公司来开封灌制了豫声剧院的十二张唱片。其中，陈素真十张：《三上轿》四张，《霄壤恨》两张，《义烈风》《柳绿云》《涤耻血》各一张，《三上关》《春秋配》两面一张；赵义庭两张：《南阳关》《八郎探母》各一张。这十二张唱片也是豫剧的第一批唱片。

戏园子变了，剧目变了，制度变了，戏装变了，观众也随之变了。原先"永乐"时期的观众，绝大多数是小市民和劳动人民，到豫声剧院以后，两旁站签虽然仍是下层劳动人民，但池座里却变成了衣冠楚楚的上层人士了。而且每天晚场，几乎都有官员来看戏。一天，演丑角的张鸿盘私下给同事说："没啥了不起，请这官，请那官，他樊老板能把省主席请来，那才算本事呢！"不知是谁把这话传给了樊粹庭。这一天，相国寺从西角门起忽然黄沙铺地，巡警站哨，戒备森严，周边群众不知发生了什么事情。原来是河南省政府主席刘峙，带领他的妻子儿女来豫声剧院看戏啦！当时，樊粹庭就坐在刘峙身边，给他们全家讲戏……从此，豫声剧院和演员的身价一下子提高了。

这天上演的正是樊粹庭的第一部剧作《凌云志》。《河南民报》刊发了署名"苏筠仙"给编剧的一封公开信："河南梆戏的艺术及社会价值的提高，全赖你一人的力量。平常一般人认为鄙俗粗俚、不堪入耳的土调儿，现在竟惹得全城如狂、万人争道的高尚娱乐，妇人、孺子、引车卖浆者流固无论矣，即在上层社会的雰围里生活惯了的人，亦改变了一向鄙弃的观念，而毫不吝惜宝贵的时间，去整晚地坐在那里欣赏这地道的声乐。"

在豫剧发展史上曾经有过三次大的改革运动和兴盛时期：一次是光绪、宣统年间，以豫剧名旦孙延德和李剑云为首的"豫剧五朵云"（即李剑云、阎彩云、时倩云、林黛云、贾璧云）等为代表的艺术家，对豫剧表演艺术的改革及他们在开封献艺时所出现的兴盛局面。一次是 20 世纪三四十年代，樊粹庭与豫剧名旦陈素真在开封通力合作创办的豫声剧院，对豫剧进行全方位的改革后出现的鼎盛局面。再一次就是新中国成立后，由于常香玉等前辈及河南豫剧院三团对豫剧声腔、音乐所进行的革新和探索在全国掀起的豫剧热潮。其中樊粹庭先生对豫剧所做的改革，正处在豫剧艺术及整个河南戏曲文化的转型期，即：一、由农村的跑野台转向大都市，豫声剧院的出现为豫剧占领城市舞台、正式成为市民艺术，奠定了一个坚固的基础；二、以"外八角"为主的生、净戏向以生、旦为主的"旦本戏"转型，以及由于豫剧声

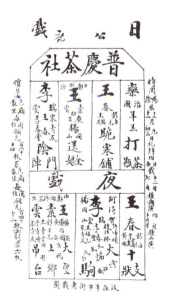

民国四年(1915 年)豫剧演出剧目单

开封山陕甘会馆内的清代戏台

豫声剧院旧址,1990 年代已改作和平影像厅。

腔艺术的改革而引起广大观众审美情趣的改变;三、由原来用口传心授的方式,向以文学剧本的形式进行传承和向以固定、规范演员的表演艺术方向转型等,樊氏的改革均起着关键性和决定性的作用。这一转型标志着豫剧艺术的日臻完善和成熟。

因此,樊粹庭先生在 20 世纪 30 年代中期创建的豫声剧院,从整个豫剧艺术的发展史上看,承上启下,继往开来,至少有以下方面的意义:

第一,20 世纪初到 30 年代中期,是豫剧由农村跑野台到进入城市正规剧场演出的过渡时期,"豫声"的创立,使豫剧在城市的阵地坚实地巩固了下来。

第二,豫剧产生了像樊粹庭先生这样一个知识分子的第一位专业剧作家,有了第一批自创剧目,标志着豫剧艺术从此进入了成熟期。

第三,豫声剧院是豫剧革新的先锋,是当时豫剧表演艺术团体的"样板团",推动了整个豫剧演出水准的提高和发展。

第四章 | 经典剧目"樊七出"

　　樊粹庭善于因材施教，因人设戏，为能最大限度地
开掘蕴藏在陈素真身上的艺术潜质，从 1935 年春到
1936 年春，一年时间内，专为陈素真编写了七出大戏：
《凌云志》《义烈风》《三拂袖》《柳绿云》《霄壤恨》
《涤耻血》和《女贞花》，人称"樊七出"。这七出戏，不
仅结束了豫剧"向无剧本"、口传身授的旧文化时代，而
且陈素真在此七出戏中所塑造的艺术形象，也是豫剧艺
术画廊中前所未有的，使陈素真在十八岁如花妙龄就赢
得"豫剧皇后"的桂冠。"樊戏"是豫剧宝库中弥足珍
贵的遗产，因此有必要对这七出戏大书特书。

豫剧第一部原创剧目——《凌云志》

　　《凌云志》是樊粹庭的处女作，也是中国豫剧第一部
原创剧目，首演于 1935 年 4 月 11 日，在开封豫声剧院
打响了头一炮。

　　该剧是根据《聊斋志异》中的《姊妹易嫁》改编而

成，剧情梗概为：书生赵志刚自幼与刘玉芳订婚，不幸赵父早丧，撇下赵氏母子，家道中落，玉芳嫌其家贫不肯出嫁，其妹桂芳不满其行，自愿代嫁。婚后伴读，勉夫上进，荣获进士及第。玉芳另攀高门，与纨绔子弟卜学海成婚。卜因罪入狱，玉芳沦为乞婆。当桂芳偕衣锦荣归的丈夫回家探望双亲时，姐妹相逢，玉芳羞愧万分，但覆水难收，悔已不及。不难看出，这是一个颇富戏剧性的喜剧题材，主题鲜明，讴歌了我国古代青年男女间贫贱不移、富贵不淫，不为金钱所动的纯洁爱情。与原著《聊斋志异》中神出鬼没、处处充满怪异事件的《姊妹易嫁》相比，《凌云志》更显得简洁、明朗，情节变动较大，仅仅取了书中两位千金小姐易嫁的一个小细节而已，但经樊粹庭的精心雕镂，刻意求工，终成经典。

这部戏排练前没有正式的文字剧本，樊粹庭先列好一个故事提纲，规定出人物的姓名、年龄和行当，安排好上下场的结构次序和场次、台词、动作后，全凭演员

今日劇目·											
場所											
河南	永安	同樂	豫聲	大陸	平安	華光	明星				
解放					女人						
停演	日：劉十鵰 夜：開店	日：鳳凰山 夜：北漢王	日：反陽河 夜：凌雲志		愛克斯光	停演	停演				
夜：木蘭從軍											
劇目											
主演	徐碧雲	王潤枝	劉悒勤	陳素真 玫瑰花	黎明暉	陳秋崗 嘉					

《凌云志》夜场首演剧目单，刊于1935年4月11日《河南民报》。

因多种原因,1930 年代《凌云志》剧照遗失,陈素真大师生前甚为遗憾,于 1982 年特意补拍一组，留作纪念。吴明耀摄。

平时的积累和经验，即兴表演和临时撰词，然后再由樊粹庭统一修改和润色，这即是当时话剧界很时尚的所谓"幕表戏"，著名剧作家田汉和欧阳予倩的许多早期佳剧都是这样产生的。剧中刘桂芳由陈素真饰演，刘玉芳由男旦玫瑰花饰演。排演此戏时，樊粹庭引进了先进的导演制度，戏排得很细，特别强调演员对角色心理的揭示，打破了原来旧传统中"十字路口等齐"（即老戏老演，不用事先排练）和"台上见"的不科学、不严谨也极不严肃的现象。特别是陈素真，在该剧中有许多精彩的表演，因事前有导演的精心设置和安排，临场又有灵感发挥，赢得了许多出人意料的掌声、笑语和喝彩声。比如女主角刘桂芳代嫁上轿时辞别父母一节，排练时平平，无甚精彩之处，但到了台上，陈素真配合着唢呐的节奏，先向左一扭身，抬右水袖；后再向右一扭身，抬左水袖；最后双水袖高举在空，双膝跪地，走"跪步"，音乐和板鼓又配合着动作，节奏加紧，当陈素真的双袖放下时，音乐戛然而止，触动了陈素真的灵感，她此时临时增加了双肩猛然抽动的动作，头部又微微地摇晃，虽然是背对观众，但女主人公与父母难舍难分的心境却展示得十分准确和到位，台下"暴彩"顿起……这里既有导演樊粹庭的功劳，更有天才陈素真的出色表现，为该剧的首演成功添画上光彩夺目的一笔。《凌云志》遂成为陈素真在20世纪30年代的代表作。

大悲剧——《义烈风》

讽刺喜剧《凌云志》大获成功之后，樊粹庭又为陈素真写了一出大悲剧《义烈风》。这是他根据当时在开封流传的一个关于"历大王"的民间传说，又吸收了《聊斋志异》中《细侯》的部分情节，综合编创而成。樊氏笔下的悲剧，一反中国传统戏曲中常见的大团圆结局，而是一悲到底，让那些"具有丰富内容意蕴和美好品质"的男女主人公，在外界（包括自然和社会）的种种压力之下，遭到毁灭或失败，令观众在"怜悯"和"净化"中得到艺术享受。《义烈风》这出戏塑造了一个名为童玉珊的艺术形象，她不同于希腊悲剧中的美狄亚，也不同于《聊斋志异》中的复仇女神细侯，后二者是因了男人的负心而疯狂地向他们施行了报复，而童玉珊则是因了男人们自私的爱毁灭了她美好的一生而对他们进行了还击。

《义烈风》剧照,陈素真饰演童
玉珊,1941年摄于西安。

陈素真在这出戏里的表演和声腔有许多可圈可点之
处,均成为后学者效法的楷模,与她先后同代的人,如
常香玉、司凤英、崔兰田、阎立品、桑振君、马金凤等,
在后来学演此戏时,均受到她很大的影响和启蒙。已故
豫剧大师常香玉曾在回忆录《戏比天大》一书中评价陈
素真的表演:"樊戏中演出的主要角色都由陈素真、赵
义庭扮演,真是珠联璧合,相得益彰,在开封受到了观

众的热烈欢迎。樊粹庭和陈素真是祥符调的革新派……"

1935 年 5 月中旬的一天，《义烈风》在豫声剧院首场演出，可以说是掌声不断，赞声不绝。陈素真曾在回忆录中写道："尤其到了最后一场，大家都没有想到，我唱完了流水板的第一句'童玉珊施一礼深深拜上'后，台下就一炮开花，掌声、喝彩声爆发如雷。随后，第五句、第十一句，都有哄堂彩声，连同最后第十二句的'流水板'，我博得了四个满堂彩。这是豫剧有史以来唱'流水板'能获得如此掌声的纪录。从此，我创造的豫剧'慢流水'和另外一些戏的新腔，就流传了下来。"

1936 年夏天，京剧四大名旦之一的程砚秋，在开封观看了豫声剧院演出的《义烈风》，散戏后当场向樊粹庭索要剧本。可见这位京剧大师对这出戏的喜爱。

正是通过《凌云志》和《义烈风》这两出戏，陈素真的唱腔已超越了旧祥符调的局限，升华到陈派声腔范畴，奠定了陈派声腔古朴、典雅、庄重、含蓄和雍容华贵的基本艺术特色。

新的创作观念，新的编剧手法，加上天才的陈素真，《凌云志》和《义烈风》，一喜一悲，均在开封演红了，樊粹庭也红火，陈素真更是红得不得了，可以说是戏红、人红、剧团红。陈素真、樊粹庭、豫声剧院，成为当时中原艺坛上的三大品牌。

《三拂袖》为陈素真赢得"豫剧皇后"美誉

借着这个东风，樊粹庭又为陈素真编创了第三出大戏《三拂袖》。此戏要求演员唱、做、念、打四功俱备，文、武、生、旦诸行当全能，这对陈素真又是一个严峻的考验，用樊粹庭的话说："陈素真有多大

陈素真在《三拂袖》中的艺术造型。1957 年,由曹孟浪摄于戏剧家田汉
先生北京家中。

的能耐，通过这出戏我都让她施展施展。"

如果说《凌云志》和《义烈风》的故事取材均是有蓝本可依的话，那么，从某种意义上讲，樊粹庭编剧的《三拂袖》则是完全虚构的原创剧目，戏中塑造了一个与黑暗社会抗争而毫不妥协的女性——蒋琴心。

陈素真在这出戏中，先是闺门旦，然后改刀马旦，接着反串武生(扎靠)、扇子生（文生），再复原为闺门旦。确如樊粹庭预期的那样，陈素真的十八般武艺在该剧中都得到了充分的展示，显示了陈素真作为一个全才旦角演员的才艺。最后《入庵》一场，蒋琴心那段"站立在白云庵头"的大段抒情唱腔，陈素真唱得酣畅淋漓，抒发了女主人公愤世嫉俗的心情。陈素真曾回忆说："这出《三拂袖》是樊先生要考试我，考试我有多大的天分、才能。我演得出乎他意料的成功、精彩。樊先生在全体大会上说：'我实在服了大姑娘了，真是天才，天才！'"

《三拂袖》为陈素真赢得了观众赠送的第二顶桂冠——"豫剧皇后"。

陈素真自己也喜欢这出戏，不仅仅因为此戏能展示出她的浑身本领，更重要的是她喜爱剧中女主人公与黑暗社会的势不两立，与邪恶势力的不共戴天，更喜欢她女扮男装，功成身退，与社会开一个大玩笑后悄然离去，以此来显示她的存在和力量，表现其潇洒气派。

戏如其人，由此联想到陈素真以后的岁月，无论遇到多大的生活磨难和打击，都能坚持活下去的精神和毅力，不能不说是受了《三拂袖》中蒋琴心性格的影响和启迪。所以，这出戏陈素真坚持上演了二十八年，而且边演边改，直至故事的情节发展更合理，人物形象塑造得更丰满。尤其陈素真到了她的盛年以后，每次贴演总是那么三出戏：开炮戏《涤耻血》或《霄壤恨》，中间唱《叶含嫣》或《宇宙锋》，而告别演出总贴《三拂袖》，取"拂袖而去"之意。所以，什么时候陈素真一贴演《三拂袖》，观众就知道陈素真要走了。直到1963年9月8

日，她在西安五四剧场演出该剧时，不幸扭伤左脚踝，留下重疾，才停演了此戏。可以说《三拂袖》实实饱含着陈素真的无限追求和寄托。

一出歇工戏——《柳绿云》

大约在 1935 年的春末夏初，樊粹庭的第四出大戏

《柳绿云》剧照，陈素真饰演柳绿云，1935 年摄于开封。（选自《豫剧之光：陈素真百年诞辰纪念影册》）

《柳绿云》问世了。

这是樊粹庭的第二出喜剧，虽说剧中女主人公柳绿云的戏并不算太多，但也是为陈素真量身定制的。为何这么说呢？因为樊粹庭认为陈素真的前三出戏，文的、武的，男的、女的，唱的、念的，悲的、喜的，活儿太重、太累了，但她一天不演，豫声剧院的池座就上不满，为此才有意为她编了一出所谓"歇工戏"。剧中特别注意加重"群戏"，角色安排也硬实一点，除陈素真担任"女一号"外，剧团里的名小生赵义庭、名须生张子林、名丑张鸿盘，以及专为陈素真"跨刀"的二路主演田岫玲等演员，均在戏中扮演了重要角色，可谓实力雄厚，阵容严整。

此剧虽谓"歇工"，然而陈素真在剧中亦是前刀马、花旦，后文武小生，唱做具繁，加上剧本情节编织得曲折跌宕，布局严密，所以演出也十分受观众欢迎。特别是1936年7月，上海百代唱片公司来为陈素真录唱片时，一眼就相中了该戏，录了此戏《洞房》中的两段唱腔，即"忽听得谯楼上起了更点"和"柳绿云洞房中自思自想"，均由陈素真演唱，词写得好，腔编得好，因此该戏的影响很大。据前人讲，当时开封城的街头多有留声机播放此戏，行人往往驻步围听，不少观众对这两段的唱腔耳熟能详，且常常哼唱自娱，一时形成"家家'柳绿云'，户户'忽听得'"的情景。此两段唱腔也成为豫剧祥符调的经典名段，风靡一时，传唱至今。

惊世骇俗、赚人眼泪的《霄壤恨》

樊粹庭为陈素真编写的第五出戏《霄壤恨》，于1935年11月22

《霄壤恨》剧照,陈素真饰演邵巧云,1936 年摄于开封。(选自《豫剧之光:陈素真百年诞辰纪念影册》)

日上演了。

这出戏前半部系根据《聊斋志异》中的《窦氏》改编,后半部去掉了原小说里窦氏变鬼复仇的情节,完全采用了现实主义的手法,以女主人公被黑暗的封建社会逼迫而投水自尽作为结尾。

陈素真对剧中女主人公邵巧云的刻画十分细腻,富有层次:在初次上场的《剜菜村遇》一折中,她表现得天真烂漫，单纯幼稚，甚至还略带愚昧和轻浮；从《送水惊艳》，经《赠囊燎衣》，直至《织衣失身》与涂逢源野合，既有少男少女情窦初开时的春情难耐，又有纯真村女对未来幸福生活的期盼，但是并没有一丝一毫的淫荡和情色之感，分寸把握得恰到好处。当剧情发展到邵巧云《抱子骂门》时，更显异峰突起，高潮骤至，其中"劝女子莫要把主意拿错，邵家女失了足我深受折磨"这两句出自女主人公之口的悔恨之语，震撼着在场每一位观众的心，尤其是妇女观众的心，由此产生了强烈的共鸣。《逼反斥涂》一折，陈素真的表演精彩至极：当其子指着跪地求饶的涂逢源问"妈，他是谁"时，邵巧云面对这"始乱终弃"的负心汉和想尽一切毒计杀害他们母子的仇人，千头万绪，千言万语，一时不知从何讲起。

1936 年 5 月，豫声剧院夜场演出《霄壤恨》剧目单。(选自《豫剧之光：陈素真百年诞辰纪念影册》)

1935 年 11 月 28 日、29 日《河南民报》发表剧评《观〈霄壤恨〉后》(上、下篇)

此时的陈素真用了转身、梗脖、怒指同时并出的动作，而且这三个动作踩在一个锣鼓点的节奏上，唱道："这是你天天地想，日日地盼哪，你那狠心的父亲他、他、他……他害得咱母子受尽折磨啊！"随着"他、他、他"的唱词，身体有节奏地向前逼近，到"害得咱母子受尽折磨"时，感情如山洪暴发，以无可阻挡之势鞭笞在涂贼的身上。此时的观众，一边流着眼泪，一边为陈素真的精彩演唱和表演热烈鼓掌。

一出《霄壤恨》，赚足了观众的眼泪。

许多有经验的观众观看《霄壤恨》这出戏，都是到了《骂门》这场戏上演时方才进场，看完了《斥涂》一场就离开。一时，开封城的戏迷们流传着"愿听陈素真的骂，愿挨陈素真的脚"的美谈。《河南民报》在《霄壤恨》首演六天后，即刊发了著名记者郑剑西的剧评《观〈霄壤恨〉后》，对陈素真的表演不吝赞美之词："陈素真之邵巧云，扮相端雅。《凤阳歌》一场，乃如鹤立鸡群。加以嗓音清圆，字字入耳，曲中偶运巧腔，所谓迟声以媚者，风味如劈荔支。山陕梆子颇近肃杀，如素真之所为，则和平中正，真中州之音也。至其表情细腻，处处见聪明女郎之玲珑心窍。《送衣》微悴，一往情深。灶前絮语，以及《赠囊》《订誓》诸场，表情皆恰到好处。临产拷问时，神态尤佳。《哭门》唱工最精彩，几个叫头，凄惋欲绝。入后剧情愈苦，表情愈淋漓尽致，满场变色，有掩袂不忍卒观者。素真必曰：公等入我彀中矣！至如觅子时之惶急，卖子时之踌躇，皆传神。末场戟指历数涂生之罪，有目眦欲裂之概，不辨是歌是哭也。其人殆富于情感，故善演悲剧；殆富于天才，故颦笑入神。真可儿也……"

《霄壤恨》这出大悲剧被当时的报纸誉为"警世的杰作、伟大的悲剧"，"最能辅助平民教育"，这样好的剧本，"簧戏（即京剧）中亦不多见"。

此戏后更名为《邵巧云》，于20世纪五六十年代被更多的豫剧名家如常香玉、崔兰田、阎立品、吴碧波等争相效仿、搬演。

《涤耻血》与世界反法西斯战争

《涤耻血》描写宋朝女杰刘芳，不愿跟随父兄投金当汉奸，黄夜与使女秋香女扮男装出逃，在绿侠山一带聚集爱国义勇，抗金报国。后在一次战斗中救下岳飞元帅帐下的先行官黄兴汉，两人产生爱情，遂结秦晋。洞房之内，当黄兴汉得知刘芳是卖国贼刘豫之女时，大加羞辱。刘芳为表明心迹，单人独骑，夜闯金营，以身殉国，含笑而逝。此剧首演于1936年3月，时值东北三省失陷，华北危急，国难当头，所以《涤耻血》的问世对激发人民的爱国热情、反对屈辱投降起了很

《涤耻血》剧照,陈素真(左)饰演刘芳,田岫玲(右)饰演丫鬟秋香,
1941年摄于西安。(选自《豫剧之光:陈素真百年诞辰纪念影册》)

大的作用。

　　樊粹庭把自己一腔抗日热血，倾注在剧中女主人公刘芳的身上。剧中最后一场，他借刘芳之口，发出了反侵略、保河山的号召："如今国将不国，生灵涂炭，大好河山和百姓生命都需要青年人努力保持。我们要为国难而死，要为杀敌而亡。宁做箭下鬼，不当亡国奴！"这是不愿意做奴隶的人们发出的最后呼声，是对民族敌人宣战的檄文，也是艺人樊粹庭无愧于时代的重托，发出的反法西斯战争的最强音。当时的《河南民报》连续发表剧评："此剧命意正大，在国难期中尤为对症之药，如暮鼓晨钟发人深省，警顽立懦足挽颓风，如（收）公理建设之效，辅教育所不及，具见编制者一片婆心。""该剧所编情节甚合时代要求，以古典的剧情指出现代青

① | ②

1940 年 3 月，洛阳报纸刊登的各界募捐义演剧目单。
① 狮吼剧团陈素真主演《伉俪箭》
② 狮吼剧团陈素真、赵义庭、田岫玲联袂主演《涤耻血》。剧目单上写着："多捐一文钱，多活一条命。"

年应走之途径，尤为难能可贵。"

该剧的演出阵容也相当可观，陈素真饰演女主人公刘芳，赵义庭饰黄兴汉，张子林饰刘豫，田岫玲饰秋香，徐金发饰黄守忠。陈素真首次出场时为花旦行当，至《阻降》《哭旗》诸场改青衣扮相，《出逃》扮武生，《落草》演刀马旦，到了与其投敌报国的父亲鏖战时，甚至反串架子花脸，直至最后一场《涤耻》以武旦结束，一出戏横跨了六七种行当，实乃豫剧界罕有、京剧界亦不多见的奇才、怪才。

"七七事变"后，开封沦陷，樊粹庭改豫声剧院为"狮吼旅行剧团"，离汴西行，一路以演《涤耻血》等剧，唤起民众，宣传抗日，并募捐义演，历尽千辛万苦，最后于1940年8月抵达古城西安。在抵西安以前，曾在洛阳募捐义演了八九个月。当时，河南省政府、第一战区司令长官全在洛阳，看过《涤耻血》的大小官员和知名人士计有：卫立煌、何应钦、白崇禧、陈诚、孙连仲、孙桐萱、汤恩伯等。共产党、八路军方面的朱德总司令和陈嘉庚也在洛阳看过此剧，还有樊粹庭写的另一出抗战戏《伉俪箭》。据当时演主角的陈素真回忆："朱德先生在前边二三排的中间坐，离舞台很近……朱先生擦起眼泪了。我心想，这个官可是个好人。"

狮吼旅行剧团抵达西安后的头场"打炮戏"就是《涤耻血》，观众反响极为强烈。一曲终了，用陈素真的话说："到西安的第一炮就打了个四面开花，当时是戏红，我红，樊先生红。"从此，她又赢得了"河南梆子大王"的美誉。这是观众送给陈素真的第三顶桂冠。"狮吼"也从此在西安扎下了根。

1936年春，京剧大师尚小云先生来开封演出，慕名向樊粹庭提出要观看《涤耻血》的要求。因陈素真灌唱片劳累过度，嗓音失润，不能登台献演，此事亦就作罢。但尚小云向《豫剧考略》一书的作者邹少

1938 年,尚小云演出《绿衣女侠》。

和先生索要了《涤耻血》剧本,回京后更名为《绿衣女侠》,同年 8 月开始在津、京、沪等地演出。

非常有意思的是,1937 年 5 月 8 日,樊粹庭在北京观剧时竟看到了尚小云的演出,对他的改编并不认同,在该天的观剧日记中写道:"晚观尚小云,在第一舞台演唱之《绿衣女侠》。此剧由余之《涤耻血》脱胎下来,自行编排,然竟将好场完全'脱'掉,场子拉杂不堪,愈演愈松懈。总观,除尚之武工可看外,余皆无一可取。盖以尚在汴出演时并未得睹此剧,仅由邹先生口中述得大概。本欲借镜,反觉失望。"

《涤耻血》这出戏,直到抗战胜利后,豫剧界的新生一代，如王敬先、关灵凤、李兰菊及在台湾的豫剧演员张岫云等，仍在上演此戏。

1953 年，艺名"万里云"的豫剧名旦张岫云将"樊戏"《涤耻血》带到台湾，更名为《凯歌归》演出，蒋介石和夫人宋美龄观看过该剧并给予很高的评价。众所周知，蒋介石是非常喜爱国剧（即京剧）的，但他困守孤岛台湾后一度发誓："不回大陆，从此就再也不看国剧了！"或许是这个誓言的缘故吧，反倒使他与豫剧结了缘。1953 年 4 月的某一天，蒋介石携夫人宋美龄来到阳明山革命实践研究院的介寿堂，观看了由台湾海军陆战队飞马豫剧团张岫云主演的《凯歌归》。剧场效果炽热，每到演出精彩处，蒋氏夫妇频频鼓掌。这是蒋介石来台后第一次观赏传统戏曲。据台湾河南安阳籍的"立法委员"张金鉴著文回忆："蒋介石夫妇始终未离场，我适坐在'总统'座后，曾听到他老人家连连点首称赞'好！好！'演出结束演员谢幕时，他脱去军帽，频频向台上招手，并对左右的诸位要员和台湾的诸

① 1956 年，台湾大鹏豫剧团演出"樊戏"《克敌荣归》《霄壤恨》《凌云志》剧目单，领衔主演毛兰花。（蒋见朝供图）

② 1963 年春节，台湾飞马豫剧团在台北桃园公演"樊戏"《凯歌归》《义烈风》剧目单，领衔主演张岫云，时称"豫剧皇后"。

现代豫剧之父樊粹庭画传

张岫云(1928—),生于河南临颍县,8 岁受教于豫剧名旦"玻璃脆",后拜于祥符调名家杨金玉门下,工青衣、闺门旦。1953 年在台湾组建海军陆战队飞马豫剧团,把豫剧传播到宝岛并发扬光大、薪火相传。后被誉为台湾"豫剧皇太后"。

① 1950 年代演出《凯歌归》,饰演刘芳。
② 台湾豫剧两大元老,右为张岫云,左为毛兰花。
③ 1984 年台北演出《凯歌归》海报

毛兰花(1924—1981)，生于河南长葛县，8岁加入周海水的太乙班学戏，工青衣、花旦，为"豫剧十八兰"之首；抗战时期与马金凤、阎立品、徐艳琴并称河南梆子"四好名旦"。1948年，随丈夫朱振家到台湾，1951年受邀加入并成立空军业余豫剧团(又称大鹏豫剧团)，堪称台湾豫剧拓疆者。(蒋见朝供图)

②
③ ①

① 毛兰花夫妇，摄于1939—1942年。
② 1950年代演出 "樊戏"《凌云志》，饰演刘桂芳(右)，张瑞卿饰演赵志刚(左)。(蒋见朝供图)
③ 1950年代演出《桃花庵》(蒋见朝供图)

多硕彦盛赞演出，他说：'豫剧是最富教育之剧种。'"因了《涤耻血》的缘故，蒋介石先生包括他的儿子蒋经国，经常邀请飞马豫剧团到阳明山演出，蒋氏两代人与豫剧结下了不解之缘，在台湾传为美谈。此外，与张岫云齐名、台湾空军大鹏豫剧团创始人兼台柱的毛兰花，也曾贴演抗战主题的"樊戏"《克敌荣归》《霄壤恨》《凌云志》等。

"樊戏"《涤耻血》沐浴着反法西斯战争的腥风血雨，为反法西斯战争1945年的最后胜利，做出了应有的贡献。这部戏是"樊戏"中的精品，也是时代的精品和抗战功臣。

"得意之作"与"拿手好戏"——《女贞花》

有人曾问过樊粹庭："你编的戏，你自己认为哪一出为最好?"樊粹庭回答："《女贞花》。这是我的得意之作，你不可不看。"问陈素真时，陈素真则说："《女贞花》是我的拿手戏之一。"

1936年7月，豫声剧院夜场演出《女贞花》戏报。

《女贞花》剧照，陈素真饰演邱丽玉，图为《乞讨》一场。1937年摄于开封。

　　《女贞花》这出戏系根据晚清小说家宣鼎著的文言短篇小说《麻风女邱丽玉》改编，描写一名美貌少女邱丽玉，不幸身染麻风病，与痴情男子陈绿琴之间发生的生死恋。女贞花原是生长在长江流域的一种庭院或篱墙植物，初夏开白花，放出青蕊，果亦能入药治病。樊粹庭取其花如雪纯，并能舍身入药，治病于人之意，着力颂扬女主人公邱丽玉舍己为人的美好心灵和高尚情操，深刻批判了损人利己的剥削阶级思想行为。这个美丽的民

苏金伞(1906—1997),字筠仙,河南睢县人。现代著名诗人,20世纪三四十年代"捧狗团"(陈素真戏迷)主要成员。(苏湲供图)

间故事在广大人民群众中广为流传,几乎可与被誉为中国四大民间传说的《白蛇传》《天河配》《孟姜女》《梁山伯与祝英台》媲美。

剧本编得好,陈素真演得绝,1936年7月13日首次公演,便轰动整个省城开封。当时身为中学教员的苏筠仙(即苏金伞)曾在《河南民报》著文,记载了该戏演出时一票难求的盛况:"该剧之演出,已五六次之多,而我三次购票,且是前一天去的,均未到手,足见魔力之大。前天总算临时凑了一个座儿,得观全剧,较诸徘徊门外的汽灯下不得退去或进去而东张西望无枝可栖的人们,总算幸运多了……"同时,他在文中评价了陈素真的表演:"作为豫声剧院主台角色的陈素真,完全脱去了粗俗村陋的表情,眉的一颦,头的一垂,身的一侧,颐的一指,袖的一拂,俱有来历,毫不过火。送别时的

赵义庭(1915—1992),生于山东曹县。20世纪三四十年代,先后加入豫声剧院、狮吼剧团,给陈素真配戏;五十年代加入香玉剧社,和常香玉合作。专攻小生戏,唱做并举,文武兼备,被誉为"豫剧生行泰斗"。

凄恻缠绵,哀惋欲绝,令人堕泪;重逢时的惊喜与悲酸相混合的表情,又令人于泪睫昏朦中绽出一丝欣慰的笑意。其声泪俱下的凄厉的说白,真有'一声河满子,双泪落君前'之感。至病愈后花烛之夕,众亲友乡邻以轻鄙之态,用一根木棍挑去蒙面的红巾而嫣然一笑,更有云过月霁、雨后峰青的神韵。博得四座一绝的掌声与点额赞叹,足见不是徒然的。赵义庭之配搭可谓有独无偶。声调的怡悦入耳,身段的灵捷,用情之真挚,做戏之认真,足使全剧增色。与陈素真合演,可谓珠联璧合,恰当之至。"

樊粹庭在创作《女贞花》时,为陈素真饰演的女主人公写了一段四句的小曲词,词写好以后,却一直找不到一个合适的板式来演唱它。恰巧这时开封的各家电影院正在放映由赵丹与周璇主演的电影《马路天使》,里面有一首《四季歌》很好听，也很流行。陈素真从中受到启发，回来以后反复地哼唱，同时糅进河南民间小曲《小白菜》和豫剧《哭皇天》的曲牌旋律，演唱后效果极佳，催人泪下。

遗憾的是陈素真驾鹤西归后，此段仙曲在大陆几成"广陵散"，很少有人会唱了。1997年底，笔者应台湾国光豫剧团之邀赴台排戏，见到了当年和陈素真在开封同台合作过的人称"老少迷"的男旦周清华老先生，他还会唱这个曲子，我便马上拿出录音机将它录了下来，等到为漯河市豫剧团加工提高由本人编导的《麻风女传奇》时，将它加进去采用，果然收到了强烈的剧场效果。

1990年代，漯河市豫剧团演出《麻风女传奇》，改编自"樊戏"《女贞花》，赵吟秋饰演邱丽玉，张三旺饰演陈绿琴。

马金凤（1922—），生于山东曹县。豫剧名旦六大家之一，首创豫剧"帅旦"行当及马派唱腔表演艺术，有"洛阳牡丹"之誉。

① ｜ ② ① 1940 年代演出"樊戏"《麻风女》
② 1940 年代演出"樊戏"《霄壤恨》

阎立品(1921—1996),生于河南封丘县。豫剧名旦六大家之一,创立阎派唱腔表演艺术,为豫剧闺门旦代表人物。

① 1943 年演出"樊戏"《柳绿云》

② 1953 年演出"樊戏"《邵巧云》

③ 1954 年演出"樊戏"《女贞花》

④ 1950 年,汉口群众剧院演出"樊戏"《义烈风》《凌云志》《麻风女》剧目单。

吴碧波(1933—2013)，生于河南开封。1942年入开封和平戏院学戏，拜豫剧名老艺人赵清和为师；1949年拜陈素真为师。为豫剧"四小名旦"之一。

①② 1957年演出"樊戏"《邵巧云》(月阳供图)
③ 1951年12月，郑州中原影剧院演出"樊戏"《女贞花》《柳绿云》剧目单。

②
———
③ ｜ ①

现代豫剧之父樊粹庭画传

①
②｜③

豫剧《义烈女》,由石磊(即本书作者)改编自"樊戏"《义烈风》。

① 1994年,导演石磊(右)为演员王惠(中)、李庚春说戏。

② 时隔十五年,2009年复排《义烈女》,王惠再度饰演童玉珊,丁建英饰演庄鸿文。

③ 1991年5月22日,郑州豫剧团首演《义烈女》,虎美玲饰演童玉珊。

① 1980 年代初，河北邯郸东风剧团陈小霞演出"樊戏"《三拂袖》。

② 1985 年，为纪念樊粹庭诞辰八十周年，河南新郑县豫剧团演出"樊戏"《绿衣女侠》，孙汴英饰演刘芳。

③ 1980 年代初，山东聊城豫剧院章兰演出"樊戏"《三拂袖》。

①
②
③

①② 1980 年代，台湾豫剧团王海玲、朱海珊合作演出"樊戏"《麻风女传奇》。

③ 2010 年，台湾豫剧团演出"樊戏"《女贞花开》，台湾豫剧新秀、王海玲之女刘建华饰演陈绿琴。

① 2005年,河南省豫剧一团徐俊霞演出"樊戏"《麻风女传奇》。

② 2000年,郑州豫剧团杨红霞、王伟合作演出"樊戏"《义烈女》。

③ 2018年,河南省豫剧院青年团吴素真演出"樊戏"《三拂袖》。

④ 2019年10月,豫剧《三拂袖》搬上银幕。这是"樊戏"首次触电,金丽丽饰演
蒋琴心。(月阳供图)

第五章 | 八个月流亡的日子

正当豫声剧院在开封的演出闹得红火的时候，一切旧习惯势力从四面八方扑来，致使豫剧史上的第一个"强力集团"面临倒闭破产的危险。

1928 年樊粹庭大学毕业后，祖父在老家潘庄为其包办了一桩婚事，因长年奔波不回老家，原无情感可言的婚姻就冷漠了。在他到农村开展戏剧教育期间，结识了在新乡百泉乡村师范学校读书的李凌波。正值青春少女的李凌波是开封人，长得端庄而秀丽，人称"凌波仙子"。樊粹庭在排演文明戏《孔雀东南飞》时，选中李凌波扮演女主角刘兰芝，他自己反串恶婆婆。樊粹庭排戏中对李凌波格外关心和照顾，李凌波亦被樊粹庭的才华和柔情所吸引。日久生情，1930 年两人结为伉俪，婚后育有三子：长子伯瑞，仲子伟林，季子毅强，日子过得十分美满。

可惜的是好景不长。樊粹庭终因剧团工作繁忙，很少回家照顾妻儿，又因给陈素真编戏、排戏，与她接触过于频繁，一时流言四起，致使妻子李凌波与他产生许多误会，两人的感情慢慢产生了裂痕。樊粹庭之子樊伯瑞曾撰文回忆道："从我记事的时候，父亲和母亲就带

学生时代的李凌波
(樊伯瑞供图)

着我整天忙忙碌碌、欢欢乐乐地看戏、看电影，到开封的名胜古迹照相，有时候还请人来拍纪录电影，这是一段幸福和值得回忆的童年生活……但这样的好日子为时不久。因为与女演员接触较多，母亲与父亲在感情上有了变化，起初还只是怀疑、吵闹，最终爆发了一场大战，父亲一气之下带了一位主要女演员到外地遍访戏剧名家、求师学艺去了。"

1936年可谓多事之秋。就在"后院失火"的当口，外部环境也变得愈加恶劣。因为看戏买票之事，樊粹庭又得罪了许多亲戚、朋友和一些长官，对他产生诸多不满。同时，也不知什么缘故得罪了黄埔军校的一帮毕业军官，如陈扶弱之流，经常指使他们的喽啰打砸戏院，致使剧院常常停演。

全家照。樊父樊允襄(坐者)、樊粹庭(后排左一)、妻子李凌波(后排左二)、弟弟樊彬(右一)、长子樊伯瑞(骑木马者),约1935年摄于开封。(樊伯瑞供图)

1956年,樊毅强(左)考上北京工业大学,上学前与哥哥樊伟林合影。(樊爱众供图)

"这幅照片是我 4 岁时摄于开封一家照相馆。记得父亲要我做一个表演，我很不情愿，便推托说毛裤有一个洞，父亲让我用手捂起来，便留下了这副模样。"选自樊伯瑞《遥寄古城》。1935 年摄。(樊伯瑞供图)

　　豫声剧院在省城开封闹出这么大的动静，最终还是传到了樊粹庭父亲的耳朵里。对樊粹庭抱有莫大期望的父亲，为自己的儿子甘当"下九流"、委身"下等艺术"而深感羞耻，为樊氏家族出此"不肖之子"而恼怒，在多次写信劝他及早脱离苦海、回头是岸无果后，老人家竟然登报声明，脱离了父子关系。再一个更重要的原因是，1936 年春，豫声剧院的台柱子陈素真因灌唱片，嗓音发生了严重"倒仓"，戏演不成了，剧院的上座率严重下降，樊粹庭几次外地邀角儿也都改变不了局面，在这种万般无奈的情况下，樊粹庭坚辞河南省教育厅社会教育推广部主任之职，于 12 月 27 日凌晨 4 点 10 分，偷偷地吻了吻睡梦中的儿子伯瑞，在大雪纷飞中离开古城开封，揭开了他八个月流亡的序幕……

　　所谓"习惯势力"，追根究底也就是一种庸俗腐朽的势力，他们往

"开封沦陷，这是母亲带我们逃难到遂平后，拍下的唯一一张照片。"选自樊伯瑞《我的母亲》。樊伯瑞(后排左)和两个弟弟樊伟林(前排右)、樊毅强(前排左)，后排右为伯瑞的同学。1938年冬摄。

往是以一种合法的、得势的姿态出现在改革者的周围，有时候这种势力在一定政治气候的膨胀下，十分嚣张强大和极为固执，甚至会绞死新生幼芽。只有那些具有无比高尚的热情、坚定无摧的信念和聪慧机敏的智者，才能制服它、抗拒它的迫害和浸染。

用樊粹庭自己的话说，他的此次出走，"决不是洗手不干了，而是以退为进，摆脱教育界，去当真戏子!"他将剧院暂时转让给当时开封商务会会长李秀峰，安排原豫声剧院的大总管栾蕴玉，带领剧团移居豫东商丘，而自己先到外省考察观摩，并准备在北平安排陈素真学习京戏的武工戏，等待时机，东山再起。

樊粹庭离家后，先在原豫声剧院艺人赵义庭家中藏匿了一段时间，于1937年2月来到西安，拜访了老友刘尚达，结识秦腔名师封至模，并考察了享有盛名的秦腔表演剧社——易俗社，观看了特意为他演出的几个小折子戏；3月到汉口观摩汉剧及楚剧，随后到南京观摩厉慧良科班的京剧，到上海观看各种地方小戏、京戏和川剧，到杭州又看了越剧；转到济南，又看鲜樱桃的五音戏。5月4日，樊粹庭到了北平，住在正阳旅馆内，平均每日能看上两场京戏。

他在这段时间内看过的名角计有程砚秋、尚小云、荀慧生、言菊朋、谭富英、厉慧良、李万春、金少山、李世芳、宋德珠、毛世来、储金鹏、赵金年、王又宸、梁秀娟、章遏云、王金璐、阎世善、叶世长、叶盛兰、叶盛章、刘元彤、杨月楼、程继先、于连泉、沈曼华、侯玉兰、言少朋、江世玉（以上为京剧）、金刚钻、小香水（河北梆子）、程玉英（晋剧）和鲜樱桃（五音戏）等，而且坚持每次观戏必写心得，从编剧手法、导演处理、服饰、表演（唱、念、做），乃至对演员的上、下场和抬手投足都做了评价，可吸取处均做了详尽的记录。

比如他在5月8日、9日的日记中写道："发现各角水袖不动时都叠在手上"，"武净以两手同时向外分须为有力"……他的这些心得，如果叫一个懂皮黄戏的人看来，也许有些是不值一记。因为，在皮黄戏中，水袖不动叠在手上本来是演员的常态；武净的身法本就应该如此。但樊粹庭是以当时河南梆子的艺术水准来看皮黄，他发现这两种动作确是河南梆子所没有而又必须效法的，所以才记下来。这并不是值不值的问题，而是采取他人长处应该有的态度，由此可看出樊粹庭的虚心。

樊粹庭不但虚心而且细心，比如他对于舞台色彩搭配的记录，在5月5日至7日的日记中写道："舞台布置以暗黄色垂幕及黄缎心古铜色镶边门帘均佳"，"袍带行头均系高潮水团龙花最时样"，"梁之桌围用雅黄色缎，浅色豆绿镶边颇雅观"。

在5月12日的日记中，他记录了演员的形体动作："旦角反掌一

观剧日记封面(右)及手迹(樊爱众供图)

指，指出之手势。武旦下场，一手（左）背后好看。"5月15日日记中写道："柳与薛取笑时，以手背掩口颇佳。"

他对于"做"和"念"有自己的看法。在5月21日的日记中，他写道："余谓：伶人演剧动作缓而稳，但神情要时时注意；念白慢而俏，但吐字要个个清楚。"

这本日记从5月4日写起，至5月30日止笔，仅仅二十七天的工夫，可是他无一天不看戏，甚至一天看两场，看了日场又看夜场。而每次都不是白白地看过，他必把看后的所得记下来，并且记载得都很翔实，论断得都很精当。这绝不是浅陋之人的消闲文字，从下面两段记载里，更可见樊粹庭对河南梆子的热情和抱负：

……细思此时余之担负何等重大，岂容有丝毫怠惰耶！无埋头功夫做不得宇宙事业，后当振作，努力学业、编剧等工作，绝不再事颓丧，自负负人。此心耿耿，敢誓天日！（5月15日）

上午在寓看报未出。某报登有论梆剧一段："……此剧可谓遍于华北，随处皆有……至各省音调不同之处：河北梆子高而猛，晋陕梆子委而柔，河南梆子短而促。各省音调虽有地道之别，然亦有相仿之处，且所演各剧大致相同，可见梆子剧实具有悠久历史而有相当价值。冀、晋、陕三省梆子虽较昆弋皮簧价值低，然尚不失为正当戏剧。……惟河南梆子未免过于粗俗，唱词亦欠文雅，说白完全土语，又觉鄙俚，使人听之殊觉不耐听。所以，河南戏虽亦曰梆子，实不能与冀、陕、晋梆子并论也。"观此，可见外省人士对豫省梆子轻视之一斑，负责改革之任，谁愿当之，以洗此耻辱也耶?！（5月16日）

从这里我们可以看出一种极强烈的改革意识和紧迫感，促使樊粹庭去对豫剧这个古老的剧种进行全面的改革和创新。

笔者粗略地统计了一下，在此次八个月的流亡中，樊粹庭跨越了豫、陕、鄂、皖、鲁、苏、浙、晋、冀等九个省份和京、津、沪三个地区，足迹踏遍近半个中国，观摩了京、昆、评、楚、汉、川、晋、越、河北梆子和五音戏。从5月4日到陈素真来京学戏，前后共写了二十六篇观剧日记，然后集订成册，取名《芳雅笺》。从这二十六篇日记中，我们可以体会到樊粹庭的内心是很不平静的：他一直在遥控着开封戏装转运、重组戏班的生计大事，关心着剧团同仁们的生存状况。除每天坚持写观戏心得外，还能坚持每天读古文，看《聊斋》，构思、编写《聂小倩》剧本。5月24日，陈素真和她母亲来到北平后，他马上请京剧名家沈曼华介绍，安排陈素真跟赵绮霞习文戏，请范富喜教武戏……人言"观千剑而识器，听百曲而知音"，他这是在韬光蓄锐、积储力量，准备返豫后要大干一场。

1937 年春,陈素真在北平学艺。

　　一天, 陈素真正在跟着范富喜先生学习耍双刀花, 就听见从北京城西南传来 "咚咚咚" 的响声。陈素真停下手中的双刀, 问范老师: "是炮响吧?" 范先生回答: "你管什么响的, 练你的!" 没过一个时辰, 只见樊粹庭急急忙忙地跑来直冲范富喜喊道: "不好了, 卢沟桥发生事变, 我们和日本人打起来了!" 然后转身对陈素真说: "我们快走, 否则就回不去了。"

　　就这样, 樊粹庭结束了他近八个月的流亡观摩生涯, 离北京, 跨天津, 经济南, 过徐州, 1937 年 7 月底终于抵达地处豫东的商丘县朱集火车站, 与栾蕴玉会合, 组成 "狮吼旅行剧团", 踏上抗敌救亡的演剧之路。

栾蕴玉,跟随樊粹庭几十年,自两人在河南省教育厅社教推广部时,一起到各县农村放电影,再到创办豫声剧院、狮吼剧团,栾蕴玉又负责财务与后勤,人称"大总管"。他成为樊粹庭患难与共、忠心耿耿的终生合作者与得力助手。(樊爱众供图)

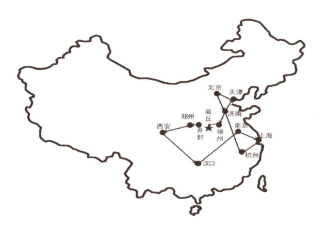

1936年12月—1937年7月,樊粹庭流亡观摩戏曲演出路线图。图中★表示河南豫东商丘县,为此次巡回观摩的终点。也就是在此地,樊粹庭成立了"狮吼旅行剧团",开始了历时三载的抗日宣传演出。(本书作者绘图)

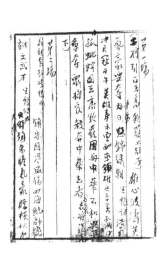

第六章 | 醒狮怒吼　声震中原

1960 年代商丘朱集火车站

当卢沟桥的一声炮响,把正在北京观摩学戏的樊粹庭和陈素真"震"回河南以后，熟悉他们的人都会为其捏一把冷汗、发一声哀叹。因为他们二人，一个是因了七部新作成了当时省城开封"梨园班头，文章魁首"关汉卿式的人物，一个为"河南梅兰芳""豫剧皇后"，巨星级的头牌，如果这卢沟桥的炮声再晚个两三年，他们俩会成为全国的"名角儿"。然而，这一声炮响，既给整个中华民族带来了灾难，也必然破坏了他们两人的美好前程，毁灭了他们的艺术生命。是的，人们的担心和惋惜并不奇怪，因为，兵荒马乱，平民百姓只有逃命要紧，谁还会来看戏？

但是，他们二位毕竟不是一般人物，他们有常人所没有的追求和意志，有常人所没有的智慧和才能，他们栉风沐雨，在炮火中锤炼，时刻把握住自己的命运，因势利导，把"悲剧"演成了喜剧，尤其是樊粹庭先生，更是驾驭自己命运的高手。他们甫自北京来到商丘朱集以后，便将原来老豫声剧院的人员召集起来，取"东方睡狮"猛醒怒吼意，将剧团更名为"狮吼旅行剧团"，随即在商丘朱集小火车站的席棚剧院里演出了宣传抗敌、反对投降的爱国名剧《涤耻血》，并将全部收入捐献给抗日救援会。关于此举，1937 年 8 月 19 日《河南民报》有详细报道："本省狮吼剧团，开演以来尽属爱国剧目，极受各界之欢迎，该团本月十三日晚，在商丘车站大舞

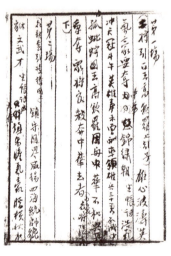 

《巾帼侠》剧本手迹　　　　　《丽西施》剧本手迹

《巾帼侠》剧照,陈素真饰演罗剑琴,1941年摄于西安。(选自《豫剧之光:陈素真百年诞辰纪念影册》)

台公演《涤耻血》一剧,尤为叫座,计是晚得剧票洋八十七元二角,倾己悉数捐给省各界抗日救援会,充救国慰劳之用,闻抗日救援会复函深为嘉佩,并嘱努力宣传,以坚强民众抗战御辱侮之阵线云。"

从这以后,樊粹庭率领剧团自商丘,走亳州,回开封,驻南阳,经洛阳,直奔西安,一路沿途募捐义演,宣传抗日,历尽千辛万苦。一大批"樊戏"新作,如《歼毒记》《巾帼侠》《伉俪箭》《克敌荣归》《好妻子》《为国纾难》《花媚娘》《叶含嫣》和一部话剧《丽西施》等,又在这硝烟弥漫的抗日前线临产。在此阶段,报纸频频登载有关狮吼剧团为抗日义演、捐款和排演新戏的消息。

而实际上,"该团经济困难,维持不易,演员中尚有衣单者,每

① ｜ ② ｜ ③　　① 1937 年 12 月,开封大陆电影院夜场演出《涤耻血》剧目单。
　　　② 1937 年 12 月,《河南民报》预告狮吼剧团在开封大陆电影院公演《涤耻血》的消息及剧情介绍文章。
　　　③ 1940 年春,洛阳报纸刊登的各界募捐义演剧目单。狮吼剧团陈素真主演《凌云志》。

当剧团移动之时，夜宿乡村土庙，备尝辛苦滋味，惟以关心国难，犹各节衣缩食，以所余之资，捐助前线将士，堪称热心救国之剧团云”，但“狮吼剧团自成立以来，曾在豫东商丘等县巡回公演，于困难时期，鼓励民众，激发爱国观念，群起抗敌，收集至属匪浅，每到一县，并代募抗敌捐费，深得民众之欢迎。各县抗敌援后，并备赠纪念票语者亦甚多。顷闻该团团员陈素真、赵义庭等应本市大陆电影院之聘，全团即将来汴公演，上演樊粹庭之新戏《涤耻血》《歼毒记》《巾帼侠》等剧，以供各社会人士之鉴赏，并闻该剧对于抗敌、禁毒、御侮、警奸等宣传极为深刻，表演时无不深受观众之欢迎”。（引文摘自 1937 年 11 月至 12 月《河南民报》）

　　樊粹庭和他领导的狮吼剧团，为中国抗日战争所做的贡献已彪炳史册，铭刻在人民心头。

第七章 │ 筚路蓝缕　玉汝于成

1941 年 3 月狮吼剧团演出剧目单,陈素真主演《克敌荣归》,张景萌(即张敬盟)垫演《八郎探母》,演出地点:西安夏声剧院。

　　有人称,在樊粹庭的人生历程中有过两次劫难:一次是 1936 年,他的父亲登报声明与他断绝父子关系;一次是 1942 年在西安,陈素真脱离了他建立的"狮吼剧团",致使他的人生陷入最低谷。

　　1936 年,樊粹庭、陈素真在开封创建豫声剧院时,结识了一位名叫李雪峰的女士。此人在河南省教育厅图书馆任职,早年冯玉祥执政开封时,她曾参加"党政训练班"以及妇女放足运动,并任放足处宣传科科长。她的文章写得好,口才又超人,在当时是一位很时尚的进步女性。她和樊粹庭认识,一是因为同任职于省教育厅,二是两人有同好，即都是京剧票友，均是名票，而且还同擅老生行当。樊粹庭十分赏识她的才干和豪爽，称她是女圣人、女豪杰。陈素真认识李雪峰是因了樊粹庭的缘故，而且李雪峰也非常爱看陈素真的戏，是当时开封"捧狗团"的中坚分子（当时在开封的戏迷中，捧常香玉的叫"闻香队"；捧陈素真者，因陈的乳名叫"狗妞"，所以称"捧狗团"）。后来，陈与李两人关系的密切程度超过了樊与李间的关系，陈素真曾经对李雪峰说："给母亲不能说的话，我都对你说了。"李雪峰的老家在开封，丈夫在重庆，她的母亲、弟弟和小女儿一直住在西安。1942 年，李雪峰到西安老娘那里去接女儿到重庆时，与陈素真又见面，并与国民党 169 师师长的太太王雅青以及朱文彦、王芳芸三人，结拜了"干姊妹"，王雅青老大，李雪峰老二，朱文彦老三，王芳芸老四，陈素真排行老五。因此，陈素真总叫李雪峰为"二姐"，关系

李雪峰(右)接受本书作者采访，1986 年摄于郑州。

1942年秋，陈素真在西安
演出《三拂袖》后，不辞而别，
离开狮吼剧团。

更是密切。

陈素真很早就有一个办孤儿院的志向，后来又听人讲到山东武训靠要饭集资办义学的故事，使她办孤儿院的意念越来越强烈。李雪峰很支持陈素真的想法，曾亲自向樊粹庭讲明了陈素真的意向，希望能得到他的支持，但她没能说服樊粹庭。于是，在1942年的"双十节"，演完最后一场《三拂袖》后，陈素真便随李雪峰不辞而别，搭上火车，赴渝办义学和孤儿院去了。等翌日樊粹庭到李家去找陈素真时，李母告知，她们早于昨晚散罢戏搭乘火车离陕了。樊粹庭听到此信后，气得连连跺脚，对李母大声喊道："我算是服了你女儿了，樊某甘拜下风！"

关于陈素真离开狮吼剧团，当时的情景还有不同说法。常警惕在《樊粹庭与我》一书中写道："陈素真后来不愿见樊粹庭，就让她的好朋友李雪峰见了樊粹庭并提出要离开狮吼剧团，樊粹庭说：'好！她啥时候走，我登报声明……'"，"在南大街维新戏院陈素真演完了她在狮吼剧团最后一场戏，戏是《三拂袖》……演完戏后粹庭叫全体演员到剧场池座集合，他和栾经理都来到后台，栾经理手里拿着预备送给陈素真的锦旗……第二天一早，粹庭召集全团演职员大会，我也参加了这次大会。粹庭说：'昨晚陈素真离团走了，没有陈素真我们照样演戏。她走的事不足为奇，这是我早就预料之中的，大家心不要散，

樊粹庭（第二排左二）曾受聘于夏声戏剧学校任教，校长为封至模（第三排左三），1940年冬摄于西安。（樊爱众供图）

常警惕(1926—2001),原名于爱枝,由樊粹庭改名常景荻。生于河南开封,8岁学艺,始工刀马旦。1940年随狮吼剧团从洛阳到西安,改演文武小生,得韩盛岫、梁善德等名师指点。1942年协助创办狮吼儿童剧团。1947年与樊粹庭结婚,风雨同舟,共度一生。图为1943年摄于西安。(樊爱众供图)

劲往一处使,该咋演出咋演出,我去给咱们邀角儿去。'"另外,陈素真自传《情系舞台》中有一段话:"我即登出广告,在西安演出最后三场戏,向观众告别,日子是1941年10月8至10日,因为这是双十节,所以我记得很清楚。"从中也可以得到印证,对于陈素真的走,樊粹庭是有思想准备的。

谁知祸不单行,在陈素真离开"狮吼"不到一个月的时间,剧团里的另外三位主演赵义庭、田岫玲、许树云也相继离开剧团,另立了山头。剧团没有了台柱,票房一落千丈,生计难以维持。樊粹庭曾几次回河南邀角儿,均落得空手而归,剧团濒于瓦解的边缘。眼巴巴地看着自己青年求学时期梦寐以求和苦心经营了多年的豫剧改革事业就要半途而废,樊粹庭进入了他一生最痛苦、最艰难的时期,"狮吼"也到了生存与灭亡的边界线。

就在这时，樊粹庭先后接到两封从河南老家来的信件，一封是他的父亲写来的，"你上学时就不务正业，后来又受人迷惑，以至掉进泥坑荒唐多年，现在弄到这个地步，望你回头是岸，做个浪子回头金不换。"一封是他的挚友郭斌亭写来的，"粹弟，多年搞戏，今陈已去，你不是没本事的人，快回来吃我的小锅炖牛肉吧。"

"路漫漫其修远兮，吾将上下而求索。""亦余心之所善兮，虽九死其犹未悔！"樊粹庭诵出屈原的这两句词后，将信丢在了桌上，铿锵地说："世上哪有回头箭！我樊某混好了，亲戚是亲戚，朋友是朋友；混砸了，我谁也不见，就是亲生父母、妻室儿女我也不见，我不去丢他们的人！"于是，他典当了自己所有的家私，又征得当时河南同乡会的一些赞助，在一些贴心换命、患难挚友如栾蕴玉、常警惕、张敬盟

1946年冬，常警惕在陕西宝鸡蔡家坡留影，由樊粹庭拍摄。
（樊爱众供图并图注）

1943 年，这些流浪在陕西的豫籍难童，被幸运地招进狮吼儿童剧团，拥入樊粹庭先生的怀抱。前排为高春田，中排左为贾立身、右为李怡嫣；后排右一为宋解英、左一为洪春生、左二为赵国瑞。（樊爱众供图并图注）

及赵锡铭、汤兰香夫妇等人协助下，一面继续从河南邀角儿，维持剧团的营业演出；一面筹建"狮吼儿童剧团"，培养生力军。

因樊粹庭到西安后与易俗社和夏声戏校交往密切，他们都办有学生班，他曾经受邀去讲课，在这种突然而至的困境中，他受到启发，决定从培养孩子做起。于是，樊粹庭让老艺人毛松山打着小黄旗，上写"狮吼儿童剧

现代豫剧之父樊粹庭画传

这些曾经流浪的孩子,在大家庭般的剧团里,嬉戏欢乐,重绽笑颜。
前排左起:王敬先、孙建章、王景云、曲玉林、王韵生;第二排左起:丁
荷花、任广立、张全林、孙鸿祥、萧淑琴、张富贵;后排左起:董有道、
李怡嫣、花含蕊、牛书堂、关灵凤、乔景兰、肖喜玲,等等。(樊爱众供
图并图注)

团招生",到西安北关的难民窟,从河南逃荒过来的难童
中招收学员二十五人,像后来成名的关灵凤、王敬先、
华翰磊(原名花含蕊)、董有道、崔希学等四五十个学
员,均是在这个时候被招进来的。

办"小科班"是一条异常艰难的路!据常警惕回忆:
"当时由于大团(指狮吼剧团)元气大伤,经济收入不
佳,再加社会的动乱,物价一日数涨,货币不断贬值,
学员班生活十分艰难。樊粹庭亲自率领学生住在西安北
关二马路的难民窟里,土墙草屋,打地铺,一下雨就得
往桌子底下钻。孩子们长了虱子,樊先生帮着他们一起

捉，生了癣疥，樊先生亲手给他们治疗……至于吃的那就更差了，一天两顿盐水稀面汤，面粉中混有砂石，有时还带着霉味。樊先生和学员吃一样的饭，所谓对他的优待和照顾，就是另外加一点辣子酱……"

樊粹庭自己也说："我将所有东西全都变卖干净，床上只剩下一个毯子，天阴下雨，大家会整天枵腹，医药用品更谈不到了，衣服破烂，形同乞丐，在我一生中是最艰苦的一个阶段……"

常警惕当时是团里的小生演员，她加入了汤兰香的戏班，以唱戏挣钱来补贴、维持团里的日常开销。即便如此，樊粹庭仍然用精打细算、节衣缩食积攒下来的钱，高薪延请名师来为孩子们传授技艺。樊粹庭常说："任

1943 年冬，小教师张敬盟在监管学生练功。（樊爱众供图）

亏什么，也不能亏孩子们学艺!"时至今日，在人们中间还流传着这样一个感人的小故事：有一天，樊粹庭和韩盛岫老师正在北关一个土院里为学员们排戏，时间已近正午，这时炊事员跑进院里，几次欲向樊粹庭张口，但又止住了。樊粹庭无意间看见了炊事员就冲他嚷道："天都快晌午了，还不去为孩子们准备饭，愣在这里干什么?!"这时炊事员才吞吞吐吐地说："樊主任，这几天大团演出的生意不好，今天已经无米下锅了。"樊粹庭闻听此言，二话没说，立刻脱下身上穿的老羊皮袄，对炊事员说："给，先拿去当了，给孩子们做顿白面条。他们练功一天了，不能让孩子们饿饭。"一旁的韩盛岫急忙阻拦说："寒冬腊月，你不穿皮袄咋行!"樊粹庭说："不要紧，等过几天演出收入好了，再赎回来嘛。"就这样，狮吼儿童剧团的孩子们吃了几顿饱饱的白面条，樊粹庭自己却感冒了好几天。

古人云：筚路蓝缕，玉汝于成；又云：沧海横流，方显英雄本色。在大家齐心协力、共同努力下，经过三四个月的培训，招收的新生就在北关二马路一个小席棚破戏院里演出了，而且大戏、小戏都能演，一连演出了十几天，受到观众好评。到了1944年初，狮吼儿童剧团在西安、宝鸡一带已经小有名气了，"狮吼"重振雄风已为时不远。

第八章 | 黄金搭档与黄金时代
　　　　——樊粹庭与陈素真

陈素真(1918—1994),祖籍陕西富平,生于河南开封。豫剧名旦六大家之一,创立豫剧陈派唱腔表演艺术,堪称豫剧一代宗师。图为1940年摄于洛阳。

关于樊粹庭与陈素真,市面上散布着许多流言蜚语,有人讲:1936年底,樊粹庭夫人李凌波与其大吵大闹、大吃陈的醋意并非空穴来风,实际上陈已怀上樊的孩子,后在樊的再三乞求下,陈把孩子打掉了;还有人讲:1937年春,樊粹庭接陈素真母女进京,就是为了与陈素真结婚,甚至有人还亲眼看见过樊、陈在天津劝业场附近的惠中旅馆举行了婚礼,主婚人就是在北平介绍陈素真学戏的沈曼华,据说后来李凌波把他们俩的结婚证偷偷烧掉了……凡此种种,无凭无据,不足为信。但可以定论的是:他们一个是剧作家、导演,一个是演员,此二人都是豫剧的大功臣。从 1934 年底到 1942 年秋，他们有过八年之久的艺术合作。他们互信互敬，配合默契，共同创建了在当时号称第一流的表演艺术团体——豫声剧院，共同对古老的传统豫剧艺术进行了全方位的改革，共同为豫剧艺术创造过新经典，共同为豫剧艺术培养生力军。在反法西斯斗争中，他们并肩作战，为抗日战争的最后胜利，各自做出了应有的贡献……他们经历过许多艰难困苦，饱尝过创业的酸甜苦辣，同洒过血汗，共享过成功的喜悦。

陈素真在回忆这段历史时，对樊粹庭的评价极高。她在《和樊先生合作的岁月》一文中写道："……是他帮我开阔了艺术眼界，是他为我写了许多剧本，是他在艺术上帮我总结提高，在我的艺术成长过程中，他是占

陈素真回忆录《情系舞台》，1991 年由《河南文史资料》编辑部出版。

《女贞花》剧照，陈素真饰演邱丽玉。1941年摄于西安。(选自《豫剧之光：陈素真百年诞辰纪念影册》)

有重要地位的人。因此，我了解樊先生的为人，钦佩他的才华，懂得他的价值和他在整个豫剧发展史上的位置……他是豫剧改革史上的一位大功臣。"

是的，在那一时期，樊粹庭在艺术上对陈素真的支持和帮助极大。除专门为陈素真量身打造剧本外，在豫声剧院正式开锣演出前，樊粹庭专门为陈素真置买了价钱昂贵的双光头面和缎子绣花帔，白绸水袖足有三尺来长。他见陈素真常在灯光、月亮、太阳底下，对着影子练身段，又专门派人给陈素真在化装室里安了一面大穿

现代豫剧之父樊粹庭画传

1935 年，陈素真在《卖衣收子》中效法京剧大师梅兰芳的艺术造型。

衣镜。有了这面镜子，陈素真不出屋子就可以练身段了。有时候，开封来了京剧名角，樊粹庭不顾经济上的损失，让陈素真停下夜场戏，去观摩演出，如 1935 年春，京剧名角杨月楼来汴演出，樊粹庭让她停演了三个夜场戏，去观摩杨月楼主演的《昭君出塞》《白蛇传》《八宝公主》等戏。樊粹庭还为陈素真订阅了上海出版的《戏剧旬刊》和《十日剧刊》，杂志上的剧照成为她模仿、参照的对象，从化装、扮相到姿势、动作。陈素真虽然一字不识，但这些图片对启发她的艺术潜力、开阔她的艺术

1950 年,陈素真演出《叶含嫣》。

视野起到了很大作用。1936 年春，樊粹庭还专门邀来上海百代唱片公司负责人在开封观看陈素真的演出，之后为陈素真灌了十张唱片。当陈素真坏了嗓子后，樊粹庭并没有失去对陈素真艺术的信任，他马上动身上北平联系老师，让陈素真去北平学点武工，放弃青衣戏，改演"唱少武繁"的刀马、花旦戏，准备俟陈素真从北平学艺回来以后，重整旗鼓，东山再起……每想到这些，陈素真总是无限感慨地说："樊先生遇到我这个演员，使他发挥出了他的编导和改革豫剧的才智、能力；我有了樊先生的指导帮助，使我这个天生戏子命的演员，更能发挥我这天赐的演唱能力了。我和他合作，真如游鱼得水。"（见陈素真

回忆录《情系舞台》)

可以说这一时期，樊粹庭、陈素真这对黄金搭档，珠联璧合，均达到了个人艺术生涯的顶峰，堪称两个人的黄金时代。在他们二人相互激励、倾力合作的八年间，豫剧艺术发生了巨大的"窑变"。

如果照此势头发展下去，陈素真将会取得比现在更大的成就，她所创建的豫剧陈派艺术会更臻完美。然而1942年陈素真的出走，使樊粹庭落入他的人生最低谷，而陈素真从此也"没有过上几天安稳日子"，这不能不令后人为他们二人惋惜。后来陈素真自己亦意识到了这一点，她曾著文道："也怪我当时年轻幼稚，头脑简单，充满幻想，过于任性，全不顾及后果……每想到这一点，我心里总有说不出的内疚。"

如今二人均已作古，功过自待后人评说。但有一点给后人留下了重要启示：要做成一件事，精诚团结，互信互赖，对任何人来说都是最重要的。

陈素真离开狮吼剧团后，历经坎坷，辗转多地，但"樊戏"依然是她的主打戏。图为1950年2月汉口《长江日报》刊登的剧目单，《霄壤恨》《女贞花》《伉俪箭》赫然在列。(选自《豫剧之光：陈素真百年诞辰纪念影册》)

第九章　｜　浴火重生的狮吼儿童剧团
　　　　　　——樊粹庭与韩盛岫

韩盛岫,狮吼儿童剧团"总教师爷",1940年代摄于西安。

　　讲到狮吼儿童剧团,就不能不特别提一下被誉为该剧团"总教师爷"的韩盛岫。

　　韩盛岫原系北京人,生于1909年,卒于1987年,小樊粹庭三岁。他于1920年入京剧富连成学艺,排辈"盛"字,工武花脸,与裘盛戎、叶盛章、叶盛兰等同为"盛"字辈学生。1927年出科后辗转于北京、张家口、石家庄、太原、郑州一带,一边参与搭班演出,一边兼任戏曲班社的教师。1941年他到了西安,先在世界舞台搭班唱戏,后被封至模聘为戏曲专修班老师。樊粹庭就是通过封至模认识的韩盛岫。

樊粹庭与韩盛岫之间绝非是雇用与被雇用的关系，他们之间的相处和友情，可以用"志同道合"四个字来形容。

　　首先，他们在戏曲观上都属于改革者，樊粹庭自不待言，韩盛岫也是个爱在艺术上出新点子的人。他虽是京剧名科班出身，但并不以"老大"自居，不轻看地方戏剧种。他和樊粹庭的艺术主张非常吻合，既提倡向京昆学习，又不能失去豫剧的自我，不能完全照搬京剧。他常说："各个剧种都有自己的特点和长处，只能合理地吸收别的剧种的精华，并把它消化成为自己的，才对本剧种有好处。"此外，他在排戏时也不主张死搬现成的程式，总是经过深思熟虑后，重新合理组合，创作出新

1943 年冬,樊粹庭(坐藤椅者)与韩盛岫(中立者)在给学生排练《翠屏山》。(樊爱众供图)

小演员在排练，左为高春田，右为强庭梁。（樊爱众供图并图注）

的开打场面。他在向学习豫剧、秦腔、眉户、碗碗腔等剧种的学生传授技艺时，如果用到京剧表演动作，就要适当改动，都要适应地方戏剧种的特点，反对死搬硬套，更反对用京剧的套路去同化其他剧种。因此，京剧界有些同事称他为"京剧的叛徒"。恐怕也正是因为这一点，他才得到樊粹庭的赏识，他们成了配合默契的艺术合作者和终身要好的挚友。韩盛岫在回忆录中写道："我爱樊粹庭，把他当成知心至交，我爱他具有强烈的事业心，具有改革精神，他是一个极有才华的剧作家兼导演。"

韩盛岫不仅技艺高超，武工精湛，而且学而能化，擅于钻研、创造，具有导演的素质，他排演的武工戏每每都有自己的新招数，与众不同，因此很得樊粹庭的赞赏。比如1944年儿童剧团在宝鸡演出，为了配合农历正月十五元宵节，樊粹庭编了一出武打喜剧《孙悟空大闹花灯》，请韩盛岫为该剧设计武打。韩盛岫设计了用套圈、火圈等擒拿孙悟空的动作，别致新颖，深受观众喜爱，一下子便在宝鸡打响了，致使每到一地，观众都要点这出戏，狮吼儿童剧团的影响随之越来越大了，该剧也成了剧团经常上演的保留剧目。

当时的狮吼儿童剧团，有韩盛岫教学生基本功，有樊粹庭给学生写剧本。樊粹庭写剧本的最大特色，就是能最大限度地发挥演员的特长。为了使自己的剧本能发挥"角儿"的特长，樊粹庭绞尽脑汁，想过不少点子。据狮吼儿童剧团出科的演员们回忆，樊先生经常带领他们玩一种叫"星星过月"的游戏。做游戏时，樊先生让一个学生坐在自己怀里面，他用手捂着学生的眼睛，然后让其他学生装扮各类人物，做出各种姿态从面前依次走过去，樊先生把每个人的动作喊出来，比

① | ② 小演员在排戏 ①持刀者为李怡嫣，举手者为王韵生。②站者为王韵生，坐者为董有道。(樊爱众供图并图注)

如"瞎眼老汉过去啦——""卖烟卷儿的小妞过去啦——"然后让眼睛被捂住的学生猜猜谁扮的什么角色。若谁被猜中了，就充当被捂眼者……这实际上是一种即兴游戏，学生玩此游戏时，灵性大开，兴致极高，装扮的人物惟妙惟肖，做出的姿态自然松弛，樊粹庭便从旁得以观察每个学员的性格、情趣和才赋，然后因人施教，因人设戏。比如他在女学生中发现关灵凤性情敦厚稳重，嗓子条件又好，就专为她写了一出《汉江女》的青衣重头唱功戏，使这个只有十几岁的小演员在西安唱出了名气。女学生中的王敬先刚入科时毫不起眼，是个又黑又瘦的"丑小鸭"，樊粹庭却慧眼识才，发现这个孩子大胆泼辣，办事风风火火，跟愣小子一样，便和韩盛岫一道精心培养她，先后为她编写了《红桃山》《金山寺》《雷峰塔》《红珠女》《泗洲城》《楚红玉》《狮子楼》《白水滩》八个剧目，使她成为豫剧界能文能武、生旦不挡的全才演员，被京剧名流李少春、袁世海誉为"河南关肃霜"。

王敬先在狮吼儿童剧团，一边学文化，一边学演戏。约1947年摄于西安。（李建民供图）

王敬先(1933—2013),生于河南开封朱仙镇。9岁考入狮吼儿童剧团,习刀马旦。1950年返回开封,为"汴京三王"之一,开豫剧武旦之先河。

① | ②　　① 1945年演出《金山寺》,饰演小青,时年12岁。(樊爱众供图)
　　　　　② 1983年演出《绿衣女侠》,饰演刘芳。

① 1956年演出《火焰山》,王敬先饰演铁扇公主,冯占顺饰演孙悟空。
② 1980年代《红珠女》剧照
(刘仪清供图)

①	②
③	④

③ 1952年演出《水漫金山》,饰演白素真。
④ 1980年代《水漫金山》剧照

① | ②

① 《无敌楼》剧照，左起：崔希学、石兆明、乔景兰。
② 《岳家庄》剧照，左起：乔景兰、高春田、贾立身。
（樊爱众供图并图注）

此外，樊粹庭为王景云改编的《西厢记》，扬其长而避其短，减少唱段而增加了道白和表演；为了发挥董有道的丑角天分，专为他改编了《顶灯》《打面缸》等喜剧……其他演员，像花含蕊、萧淑琴、邢枫云、强庭梁、崔少奎、崔希学等，亦都脱颖而出。

"樊戏"的又一批剧目，如《鹤归楼》《孟香屏》《无敌楼》《雷峰塔》《金山寺》《红珠女》《汉江女》《羽巾误》《大祭桩》《卖苗郎》等也同时诞生了。待到1949年古城西安获得解放，樊粹庭用新的创作观，新的手法，又编演了《再生铁》《宋景诗与武训》《王佐断臂》《水工郑国》《钱塘射潮》《劈山救母》《杨满堂》《雷振海》《李慧娘》，以及一些现代新戏如《法网难逃》《奇袭奶头山》等。这是继20世纪30年代豫声时期之后，樊粹庭进入了他的第二次创作高产期。

　　韩盛岫虽然是樊粹庭请来教孩子们的"总教师爷"，艺术创造上又是志同道合的同事，私底下还是最要好的朋友，但在艺术理念上和樊粹庭也不是没有意见相左的时候。有时候，他们会因为一件事闹得不可开交，互不相让，可谓诤友。

　　就比如在打孩子的问题上。韩盛岫一贯执教甚严，教学中一直坚信"戏是苦虫，不打不成"的理念，而且打的都是自己心尖上的学生，没前途的学生他连理都不理。韩盛岫打起人来很厉害，还要打"满堂红"。所谓打"满堂红"即是打"连坐"，一人犯错，全体受罚。樊粹庭不主张打学生，因此，他们两在此问题上经常发生争执。

　　有一次，剧团在宝鸡演出《孙悟空大闹花灯》，演孙悟空的牛书堂掉了盔头（即帽子），被台下叫了倒彩。住了戏，韩盛岫就把全体演职员集合在戏台上，叫牛书堂出列，照屁股就是一板子。牛书堂又疼又

① ｜ ② 　《孟香屏》剧照　①张敬盟饰崔通　②右为任广立，左为董有道。
（樊爱众供图并图注）

怕，吓得大哭起来。韩盛岫有个怪脾气，你越哭他打得越厉害。樊粹庭站在一旁很是心疼孩子。他当时灵机一动，高声指着管盔头的箱官丁师傅嚷道："丁关奇，你是咋给牛书堂戴的帽子，让他在台上掉盔头！"并顺手从韩盛岫手中接过板子，照着丁师傅的身上打了几下。丁师傅觉得自己挨这几下很冤枉，反驳道："这不关我事，别的人为什么不掉？"樊粹庭马上给他使了个眼色，意思是说：看把牛书堂打成啥了，你就吃个哑巴亏吧！丁师傅似乎明白了他的意思，也就忍着气没再往下说。韩盛岫看出这是樊粹庭使的转移目标计，气哼哼地离开了舞台，算是给了樊粹庭个面子。还有一次是唱丑的董有道在戏台上说了不该说的脏话，被韩盛岫知道了，他立即让董有道趴下，要打他一百板子。起先樊粹庭给董有道求情："有道是有错，教育教育，骂他

① ｜ ②　① 《巾帼侠》剧照，演员强庭梁。
　　　　② 《白水滩》剧照，演员牛书堂。
　　　　(樊爱众供图并图注)

①
——
②

1944 年,狮吼儿童剧团在雍新剧院演出《巾帼侠》。

① 右起:石兆明、孙建章、王景云、董有道、孙鸿翔

② 中间花脸演员为曲玉林

(樊爱众供图并图注)

两句就行了，明天他还有戏呢，打坏了咋演？"韩盛岫生气地说："樊主任，您就惯着他吧，演戏天大事，他不懂？在台上给我胡说八道，今天非打不可！"说罢，抢起板子就打。当打到七十下的时候，樊粹庭实在忍不住了，跑到韩盛岫面前伸出手说："剩下的打我吧，我替有道挨！"韩盛岫见此情景，二话没说，丢下板子，拿起长衫，直奔大门，扬长而去。樊粹庭赶紧对身边的孩子说："先生要走了，还不快去拦住他！"孩子们呼啦一下都跑到大门口跪下求情，不让韩盛岫走，即使这样，韩盛岫还是执意要走。樊粹庭实在无奈，只好同意他接着把那剩下的板子打完，方才平息了这场风波……最后，韩盛岫还是因将学生打跑了，家长来剧团索人，为避难而离开了狮吼儿童剧团。

樊粹庭并没有忘记这位为剧团立过功的老朋友，每

① ｜ ② ① 《清风寨》剧照，左起：花含蕊、温好德、高春田。
② 《神亭岭》剧照，右为温好德，左为石兆明。
(樊爱众供图并图注)

韩盛岫(中)与演员赵义庭(左)、
李兰菊 (右),1951 年摄于西安。
(樊爱众供图)

月还按时给他送白面粉。韩盛岫平时常唠叨开一个茶馆,一面营生,
一面会友,樊粹庭实现了他的愿望,筹资给他开了个小茶馆。直到
1965 年 12 月 31 日,樊粹庭去世的前一天上午,樊粹庭还惦念着这位
老友的退休证是否办妥。这天,樊粹庭挂着拐杖,由儿子爱众扶着,
专门到韩盛岫家里探望老友。他见了韩盛岫问的第一句话就是: "盛
岫,你的退休证办好了没有?"当他听到韩盛岫说办好了以后,脸上露
出舒心的微笑,说: "这下我就放心啦!"

　　韩盛岫为狮吼儿童剧团所做出的种种贡献,是他在教学方面所奉
行的先进的艺术观的实践与收获。因为有了他的参与,有了他与樊粹
庭的亲密合作,对"樊戏"艺术风格的形成,对整个豫剧文化品格的
转型,均有直接和密切的作用。他同样是一位豫剧艺术改革征途上的

现代豫剧之父樊粹庭画传

狮吼儿童剧团第一批出科女演员。前排两人，左起：花含蕊、萧淑琴；后排五人，左起：关灵凤、乔景兰、王敬先、宋解英、杨淑香。由樊粹庭先生拍摄。（樊爱众供图并图注）

先驱者，是"樊戏"艺术殿堂的一块奠基石，樊氏艺术"强力集团"中的一员战将。

樊粹庭在艰难困苦情况下创建的西安狮吼儿童剧团，实际上就是一个初具规模的戏曲学校，它与以前的私养家班大不相同，剧团设有文化课，设有专业课，并重视学生的实践活动，要求学与用、练功与演出相结合，培养出了许多高质量的学生。从1942年冬正式办科班，到1954年，先后招生八次，总共招生二百人左右，一批优秀的表演人才崭露头角，为培养豫剧的新生力量做出了不可磨灭的贡献。这些学生出科后，很快就能成为营业剧团的台柱子，有的在儿童剧团学艺时就已在古城西安小有名气。即便是有些学生后来分散到全国各地，像兰州、宝鸡、郑州、开封、武汉、许昌、安阳、天津等地，也成为当地剧团的主演、导演、艺术骨干或剧团领导。

在这一时期，作为樊粹庭的学生和亲密爱人的常警惕，牺牲个人的表演才华，放弃个人的演出舞台，全身心地投入到开拓"樊戏"与培养豫剧接班人的事业中。她肩负起狮吼剧团新生部主任的重担，对学生言传身教，导戏讲艺，含辛茹苦地培养出一拨又一拨的接班演员，在她的带领下，狮吼剧团二团很快成长为一个朝气蓬勃、阵容整齐、文武兼备的豫剧表演团体。她亲自率团走遍河南、河北、山西、甘肃、宁夏、四川等地，剧团以人新、戏新、艺新的风貌，处处受到观众的欢迎和专家的赞许，让"狮吼"之声响彻中原及秦晋大地。常警惕为此忘我无私、呕心沥血的付出与奉献，亦是值得后人铭

1950年代，常警惕在做导演、为学生排练的间隙，不忘练功，晨起在院子里舞剑，风采不减当年。(樊爱众供图)

现代豫剧之父樊粹庭画传

1948 年底，狮吼剧团大家庭合影。前排左起：张敬盟、常警惕
怀抱樊爱众、樊粹庭、栾蕴玉、张全林，后排左起：董有道、温好
德、石兆明、关灵凤、花含蕊、萧淑琴。（樊爱众供图并图注）

记在心的。

新中国成立后的狮吼豫剧团，实力雄厚，剧目丰富，阵容强，台风好，舞台经验丰富，誉满西安，驰名西北。樊粹庭以这个艺术团体为实验基地，积累了一整套关于豫剧的编剧、表演、导演经验，特别是对发展豫剧的武工戏，做出了巨大贡献。

《中国大百科全书》是这样为樊粹庭创建的狮吼剧团写下评语的：

狮吼剧团：从事豫剧改革和教育的演出团体。1934年，樊粹庭在河南开封创办豫声剧院，邀请名演员陈素真、赵义庭、张子林等，创

樊粹庭(坐者左,抱樊爱众)、好友郭维真(坐者右)、常警惕(后排左二),以及关灵凤(后排左一)、李怡嫣(后排右一)、萧淑琴(后排右二),1950年7月1日摄于开封。(樊爱众供图并图注)

1950 年 6 月,樊粹庭率领狮吼儿童剧团由西安出发,一路奔波,回到开封,进行为期一个月的公演。图为剧团一行人终于抵达开封,樊粹庭(前排站立者左七)怀抱儿子爱众和常警惕(前排站立者左八),与前来迎接的好友郭维真(前排站立者左六)等人重逢。(樊爱众供图并图注)

故地重游。樊粹庭(前排右一)、常警惕(后排右一)、郭维真(后排右二)等人于开封。(樊爱众供图并图注)

狮吼儿童剧团全体演职人员合影。第三排右起第七人为樊粹庭,第五人为常警惕,1950 年 7 月 5 日摄于开封和平剧院。(樊爱众供图)

作演出《凌云志》等新豫剧。由于剧目富有教育意义，雅俗共赏，深受欢迎。1938 年，樊粹庭采"醒狮怒吼"之意，改剧院为狮吼剧团，编写了旨在抗敌御侮的《克敌荣归》等新剧目，以旅行演出方式宣传抗战，激发群众爱国热情，并吸收青年随团学戏。剧团辗转至陕西西安后，几濒停顿。1942 年秋，樊粹庭招收了一批豫籍难童，聘毕业于富连成社的京剧演员韩盛岫为教练，采科班方法，办起了狮吼儿童剧团，在异常艰苦的贫民窟中坚持训练，以至恢复演出，它先后举办了五期训练班，共培养学员一百三十余人。学员毕业后，不论留团或到各地剧团工作，大都成为艺术或行政骨干。1971 年狮吼剧团扩大组建为西安市豫剧团。

在将近五十年的艺术实践中，狮吼剧团在舞台演出和剧团建设上，

从豫声剧院到狮吼剧团，已走过三十年历程。1964年2月4日摄于西安。(樊爱众供图)

都形成了自己的风格。在樊粹庭的主持下，该剧团编演自己独有剧目，时人称为"樊戏"，影响很大。剧团经常礼聘京、豫、川、秦各剧种的名艺人来团授艺，取其所长，在表演、武打、服装各方面不断改进和丰富，并有创新。剧团还注意发挥集体力量，演出严肃认真，表现出严整蓬勃的舞台作风。由于训练严格，功底深厚，其武戏著称于时。剧团创办之初，即废除旧戏班一些不合理制度，纪律严格，作风正派。其后更以学校方式培植人才，对于推进豫剧发展起了积极作用。

豫声剧院、狮吼剧团不仅是"改革和教育的演出团体"，还是"樊戏"诞生的摇篮，信然。

第十章 | 情同父女
　　　　——樊粹庭与关灵凤

24 岁的关灵凤，正当好年华。1956 年摄于郑州。(月阳供图)

关灵凤，原河南省开封市豫剧二团团长、国家一级演员，著名豫剧表演艺术家，陈素真的大徒弟，河南省非物质文化遗产祥符调传人。1982 年 4 月，她率开封市豫剧团进京为首都观众献艺，一出《三上轿》，声誉满京华，受到首都广大观众、专家和戏剧界同仁的高度赞扬，誉她为"汴京金凤凰"……她得来的这一切，可以说全都基于樊粹庭先生对她的培养。

关灵凤原名关二凤，1932 年出生在河北省南宫县一个贫苦家庭，1942 年跟随父母逃荒要饭流落到西安，靠在车站捡煤核儿度日，当她听说樊粹庭组办的狮吼儿童

① | ②

① 1946 年,关灵凤演出《巾帼侠》。(樊爱众供图)

② 1947 年,关灵凤演出《柳绿云》。

剧团,打着小旗在街上招学员,管吃、管穿、管学,高兴得了不得,从此踏进了梨园子弟的行列。当时她才十岁,在所有收来的孩子中,她长得最丑,个子最低,是条件最差的一个。可慧眼识马的伯乐樊粹庭发现她心眼灵,一点就透,且忠厚老诚,练功不惜力,入科后就让关灵凤主攻青衣,兼学花旦、刀马,并派团里的小生演员常警惕教她声腔,韩盛岫是她的武工教师,于是练就一身本领,文武不挡,很快成为剧团的台柱之一。

1945 年,在这班孩子出科前夕,儿童剧团的一号台柱王景云因受父母强迫离开了剧团,但《三拂袖》的戏报已贴了出去，怎么办？在樊粹庭的印象中，无论谁演戏，关灵凤总爱在旁边看，边看边学。这时，樊粹庭走到关灵凤面前说："二凤，你敢上吗？"关灵凤不紧不慢地回答道："那试试呗。"一场戏下来，该出彩的地方都叫彩了，内外行都给予高度的认可。樊粹庭高兴地说："以后关二凤这仨字可以见海报啦！"此后，樊粹庭又先后专门请来崔兰田、常香玉为其传授全本《秦雪梅》（包括《观文》《别府》《吊孝》），这也是关灵凤在古城西安露演的第一出"出科戏"。当时，有两位演员在西安唱这出戏最红，一位就是大名鼎鼎的常香玉，另一位是豫西调名家崔兰田。但这两位大家演此戏需三个晚上演完，一晚一折，而关灵凤则《观文》《别府》《吊孝》一晚唱完，嗓子不燥不哑，而且越唱越亮，连演一个月，被观众誉为"金嗓钢喉"。十二岁的小灵凤，像一只初出暖巢的雏凤，在名家林立的古城西安，凌空乍鸣，便声惊四座。第一炮打响了！

关灵凤(中)与母亲关王氏(左)及妹妹关七霞,1951 年摄于西安。(月阳供图)

《汉江女》剧照,关灵凤饰演吕玉美,
1980 年代摄。

　　平时演出结束以后,剧团经常雇两辆人力车,一辆由栾蕴玉经理护着钱袋乘坐,另一辆由常警惕乘坐。打从这儿起,为了保护这根台柱,免受坏人伤害,关灵凤随常警惕同乘一辆人力车,护送她回团,其他演职员则随樊粹庭走路返团。

　　樊粹庭通过《秦雪梅》的演出,认准了关灵凤是一个唱功演员,而且善演悲剧角色,这才又特意为她编写了《汉江女》一剧,还为她排演了《义烈风》《霄壤恨》等悲剧青衣戏。同时,为发挥她多方面的才能,培养她的可塑性,樊粹庭还专为她编写了《克敌荣归》,并排演了《喜荣归》《白蛇传》等喜剧和文武带打的剧目,用樊粹庭的话说就是"让我的灵凤也'笑'起来,'武'起来",从而把她培养成为一位能喜善悲、文武不挡的全才演员。此后,樊粹庭又专门从开封请来陈素真为关灵凤说戏。陈素真看了关灵凤的戏后,顿生爱才之情,遂收她为徒,认为义女,并赐名"灵凤"。关灵凤的技艺亦日益剧增,名声也越来越大，已成为当时西安狮吼儿童剧团名副其实的台柱子。

1949 年初，樊粹庭因受进步画家赵望云案的牵连，被捕入狱，在囹圄之中他挂念的还是他的那班学生和小灵凤，在"家书抵万金"的日子里，他的第一封来信内容是写给全体学生的——

各大同学们：

我这次为赵先生受连累大概也没有多大的事情，你们在这个时候确是你们表现良心的时候。你们都要比我在剧团时还要守规矩，努力帮助小同学练功排戏，如同我在剧团一样，也不负我教育你们一场，要知道人到难处才见人心，即尚有小的不满意更要特别忍耐。一切同敬盟及常先生商量办理，无事不要外出，记着我素常对你们的训话。我在这里一切都好，不必挂念，别的言语以后见面再说。通封信实在不易。祝你们快乐。

请栾经理负代理主任职务，常先生及敬盟帮同办理

狱中信手迹(樊爱众供图)

常警惕(右)、关灵凤(左)和樊爱众,1950 年 7 月 5 日摄于开封。(樊爱众供图)

1952年演出"樊戏"《牛郎织女》,关灵凤(右)饰演织女,侯秀真饰演牛郎。

训练事宜。小学生们务要听话,小心学习功课。

···········

　　他在第二封信中还特意嘱托家人:"二凤家中到十五号送到家拾袋面钱,切记。"

　　1952年,关灵凤应邀要返回当时河南的省会开封,为河南观众献艺,樊粹庭虽不舍,但为关灵凤的前途着想,还是放手让她回到河南。当时樊粹庭拉着关灵凤的手依依不舍地说:"俺二凤也成名旦了,老师为你高兴啊!"当他为关灵凤填写离团手续时,发现她是属猴的,深有感触地说:"俺二凤那么老实,为什么会属猴呢?你是1932年年底生,是'羊'尾'猴'头,既然这样,那咱属羊吧?还是绵羊。"关灵凤很理解老师的心情,点头说:"好,我听老师的。"为使关灵凤到开封后很快打开局面,樊粹庭一下为她写了四封信:一封给他就读留学欧美预备班的同学、河南大学教授王凤岗；一封给著名诗人徐玉诺；另外两封分别写给著名剧作家、河南省文化局戏改干部王镇南和安澜。据关灵凤回忆说："樊先生的信真是帮了大忙，各个部门都给开绿灯。待到'金嗓钢喉关灵凤领衔主演'的海报一贴出，和平大戏院首场戏票便被抢购一空，演出十分成功。"关灵凤很快就成为河南的豫剧明星。

正当关灵凤要振翅高飞的时候，一场大病几乎夺去了她的全部视力。一个戏曲演员突然间眼睛失明，这意味着什么？但她并未停下翱翔的翅膀，而是克服种种难以想象的困难，依然活跃在戏曲舞台上。1956年，在群芳荟萃、名角云集的河南省首届戏曲观摩会演中，她演

陈派名剧《三上轿》剧照，关灵凤饰演崔金定，1981年摄。

1956 年河南省首届戏曲观摩会演，关灵凤演出《秦雪梅吊孝》，荣获演员一等奖。

出了《秦雪梅吊孝》，受到与会专家和戏剧界同仁的高度赞扬，荣获演员一等奖。后来，中央新闻电影制片厂为她拍摄了舞台生活四十年的纪录片。结束汇演后，关灵凤率开封市豫剧二团到西安演出，樊粹庭听说后亲自到车站迎接。当他在站台上望见关灵凤后，急忙跑了过去，一把抱住她说："二凤，乖乖，你可回来了！"然后伸出两个手指头在关灵凤眼前晃了晃，说："二凤，这是几？"关灵凤摇了摇头说："老师，我看不清……"樊粹庭一时沉默无语，不禁老泪纵横，最终长叹了一声说："乖乖，你真的看不见了呀！"惹得在场的人都哭了。关

关灵凤(右)与恩师陈素真(中)及陈素真长子闫泉，
1961年摄于开封。(月阳供图)

灵凤回忆起这个情景时写道："我感觉到老师的手在发抖，我知道他的心在痛。我们师生间的感情就是这样的。"

关灵凤人前背后经常说，她这一生有两个恩情报不完，一是樊（粹庭）先生的恩一辈子报不完；二是陈（素真）老师的恩一辈子报不完。相信这是她最真实的心声。如今，满头银发、八十九岁高龄的关灵凤，依然在为豫剧祥符调的发展忙碌着、传承着，她的身上始终有一种不服输、不向命运低头的精神，这正是她在成长时期樊粹庭先生和他创建的狮吼儿童剧团所赋予她的力量。

关灵凤坎坷传奇的人生，不仅彰显了一位豫剧表演艺术家的生命力，也体现着豫剧代代传承不息的精神内核。

第十一章 ｜ 肝胆相照——樊粹庭与易俗社

于右任先生题写的社名

西安易俗社是由陕西同盟会会员李桐轩、孙仁玉发起，并联合王伯明、范紫东、高培支等一百六十多名热心戏曲改良的社会各界知名人士，于1912年创建的一个新型艺术团体，它以"辅助社会教育，启迪民智，移风易俗"为建社宗旨，将文化教育、戏曲训练、演出实践结合起来，培养了大批戏曲人才，创作和演出了许多优秀剧目，如《三滴血》《游西湖》《游龟山》《柜中缘》《三回头》等，对中国戏曲发展产生了巨大影响，对戏曲改良起到了示范作用，它与莫斯科大剧院、英国皇家剧院并称为"世界艺坛三大古老剧社"。由于易俗社对戏曲

鲁迅先生题赠"古调独弹"

改良，引起了社会各界的重视，1920年原国民政府教育部颁布训令，赞扬易俗社编演的剧本"命题取材，均有可取，不失改良戏剧之本旨"，并颁发"金色褒奖"。

1924年7—8月，鲁迅先生在西北大学讲学期间，应邀五次到易俗社看戏，从此便喜欢上了秦腔。适逢易俗社成立十二周年，鲁迅亲笔题写"古调独弹"四字赠予易俗社。匾额上除鲁迅以"周树人"之名署名外，还有同行的其他学者多人。时至今日，"古调独弹"匾额依然悬挂在易俗社剧场，成为这个世界剧坛"百年老店"的重要历史见证之一。

樊粹庭早在青少年读书期间，思想就倾向民主主义，对易俗社提出移风易俗、辅助社会教育的建社宗旨十分赞赏，可谓易俗社的一位异乡知己。所以，他在1937年2月离家流亡考察的第一站就选择了易俗社。到了西安之后，在好友刘尚达、封至模的引见下，他拜会了当时的社长高培支，以及剧作家孙仁玉、范紫东，与他们交换建团、建社和编写新剧的心得，还观看了易俗社的多

易俗社名流。前排左二为孙仁玉，左三为胡文卿，左五为范紫东，左六为高培支；后排左一为封至模，左四为谢迈千，左六为陈雨农，左七为李约祉。约1920年代摄于西安。

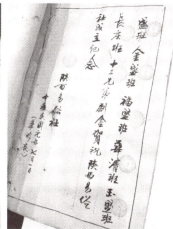

民国元年(1911年)易俗社章程(易俗社供图)

① | ②

① 《双锦衣》剧照,刘箴俗(左)饰演姜琴秋,赵振华饰演姜雪春。
② 《惜花记》剧照,刘箴俗(左)饰演林黛玉。
均为1920年代摄。(易俗社供图)

场演出,并把孙仁玉编写的《柜中缘》《三回头》等折子戏带回开封,移植成豫剧,很受河南观众的欢迎。

1940至1942年间,樊粹庭率狮吼旅行剧团初到西安,当时西安是抗战的大后方,来这里演出的剧团很多,剧院很紧张,素有旧谊的高培支社长将三山露天剧场无偿供樊粹庭使用。在樊粹庭走入低谷,创办狮吼儿童剧团时,易俗社又给予了一定的物质援助,送戏箱,送鞋帽、盔头;同时,还派名须生雒秉华、伍庶民,名旦宋上华、名小生杨令俗等,为大班学生张敬盟、孙建章、封至模(1893—1974),著名戏剧家、教育家,中国话剧运动早期开拓者之一,对京剧、豫剧,特别是秦腔艺术,在理论、教育、创作、实践和革新诸多方面,卓有建树,有"菊部通才"之称。

②
—
③ | ①

封至模在易俗社任职八年,其间编创的爱国历史剧《山河破碎》《还我河山》,借古喻今,于抗战期间演出,可谓"在国破家亡的时候,是冲锋破阵的号角"。

①耿善民饰演岳飞②康顿易饰演韩世忠③王天民饰演岳夫人

"移风易俗，发聩振聋。"1982年8月，易俗社成立七十周年之际，常警惕请书法家邱星题写这八个大字赠予易俗社。(樊爱众供图)

王景云排演《哭祖庙》《龙门寺》《拷红》等戏。樊粹庭是社长高培支的座上宾，在请樊粹庭看完戏后，高培支经常让演员列队站齐，等候樊粹庭来指点。樊粹庭为答谢高培支的知遇之恩，曾赠送易俗社一座梅花形状的银盾，上镌"辅助社会教育"字样，以表达对易俗社的崇敬。高培支也一直把此银盾摆放在自己的办公桌上，非常珍视。

易俗社还移植了"樊戏"《劈山救母》，在西安经常演出，很受欢迎。

自20世纪30年代樊粹庭第一次拜访易俗社，至狮吼剧团40年代在西安扎根落户，樊粹庭和狮吼剧团与易俗社结下深厚友谊，相互扶助，相互借鉴，一个豫剧，一个秦腔，几十年来一直处于西安文艺界的领军地位。

第十二章 ｜ 被捕入狱　生死之交
　　　　　　——樊粹庭与赵望云

赵望云(1906—1977),20世纪中国画坛大众化艺术思潮的先驱,"长安画派"奠基人和创始人。一生致力于中国画创作,画风质朴浑厚,骨高气雄。

2005年,在河南人民为樊粹庭先生举办的百年诞辰纪念会上,著名画家赵望云的长子赵振霄(新加坡交响乐团首席大提琴、西安音乐学院特邀教授)、次子赵振川(陕西省美术家协会主席、著名画家)和季子赵季平(中国音乐家协会副主席、陕西省文联主席)联合写了一篇《怀念樊粹庭伯伯》,文章开头写道:"我们的父亲赵望云,自(20世纪)40年代初来西安就和樊粹庭先生结为挚友。在他们二十多年的亲密交往过程中,我们兄弟有幸认识了这位杰出的戏曲艺术大师,从小我们就称他樊伯伯。五十多年过去了,我们并没有因时光的流逝淡忘

赵望云、杨素芳夫妇及儿女。父亲抱着赵振川,母亲抱着
赵振武，前中为大儿子赵振霄，后中为大女儿赵桂秋。
1940 年代摄。

他，这位可亲可敬的樊伯伯仍深深地留存在我们的记忆
里。这里的原因一是我们的父亲与樊伯伯相交甚深，过
从甚密；二是我们从儿时起看樊伯伯的豫剧，耳濡目染，
潜移默化，对我们以后从事的艺术产生了极大的影响
……"

樊、赵两家的关系密切到什么程度呢？略举两个例
子即可说明问题。

赵望云夫妇都是河北人，均操着一口地道的河北话，
而孩子们也许是看樊粹庭编写的戏太多的缘故，他们弟
兄仨却是一口地道的河南腔。再者，赵望云爱看戏，特
别爱看"狮吼"的豫剧，只要"狮吼"演出，赵望云准
来看戏。久而久之，只要剧团演出，樊粹庭就在固定的

地方为赵望云夫妇留着两个位置。散了戏赵望云还不走，他把太太打发回家后，自己留下来和樊粹庭一起聊戏。聊得晚了，干脆就随樊粹庭回北关剧团住的破草屋内搭个木板床，两人睡在一张床上接着聊，通宵达旦。这样时间长了，竟惹得赵夫人"醋意"大发，对樊粹庭说："两个大男人，哪来的那么多的话，一说就是一宿！"樊粹庭也开玩笑说："怎么，嫂子，只一宿就想我哥了？给给给，现在就把他还给您！"

赵望云的长子赵振霄（小名霄霄），从小调皮捣蛋，伶俐好动，赵望云一家刚到西安时，学校已开学，赶不上做插班生了，霄霄只能待在家里，但他整天闲不住，到处乱跑，叫人操心。于是，赵望云找到樊粹庭，说出把霄霄送到狮吼剧团学戏的想法。樊粹庭欣然同意。赵望云的这个决定却遭到了夫人杨素芳的反对，妈妈心疼儿子，害怕他在剧团受苦，受管束。赵望云坚持他的主张：入剧团是苦一些，虽管教严一些，但对孩子的成长有好处，让他体

1930 年代赵望云农村写生作品

验一下集体生活，锻炼他的生活能力。夫人最终被说服了。赵望云把儿子送到剧团，放心地交给了好友樊粹庭。赵振霄进入了剧团学员班，按父亲赵望云的要求和其他小学员一样，丝毫得不到特殊照顾，吃、住、练都按普通学员对待，虽然吃了不少苦头，但很快得到樊粹庭和教练的喜爱。樊粹庭安排霄霄上台演出，他在戏台上出怪相，做鬼脸，把观众逗得乐不可支，父亲赵望云认定他是个搞艺术的材料。赵振霄后来成为一名大提琴演奏家，享誉海内外。少年的这段经历，令他终生难忘。

樊粹庭与赵望云关系密切的主要原因还在于，他们对当时国民党腐朽黑暗统治的看法一致，而且艺术观也惊人的一致，他们都属于具有民主主义思想的进步知识

《难民图》，赵望云作于 1935 年。

1930 年代农村写生时期的
赵望云

分子。

赵望云早在 20 世纪 30 年代写的《农村写生集》中就曾鲜明地表白："我是乡间人，画自己身临其境的景物，在我感来是一种生活的责任。此后，我要以这种神圣的责任，作为终身生命之寄托。"历经四五十年的不懈努力，终于形成以赵望云为首的"为大众服务的、劳动人民为作品中主角"的长安画派。

而樊粹庭也早在他写戏之初就明确表示："我的观众就是推车的、担担的、箍漏锅的、卖蒜的。下层人民，劳动人民，我就是为他们写戏的。"

他为了实现自己的理想，抛家离子，抛弃上层社会优越的地位，跻身于"戏子"行伍，义无反顾地投身戏曲改革事业，把豫剧从草台班子的地方小戏一跃而改造成为广大观众喜爱的、在全国颇具影响的"四大剧种"之一。如此同志、同好的两个人，当然会建立起莫逆、

现代豫剧之父樊粹庭画传

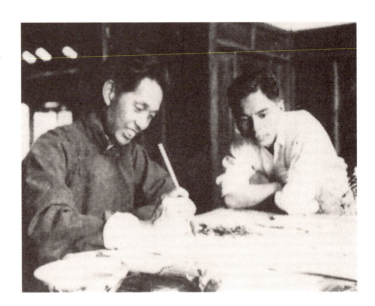

1942 年,赵望云(左)与关山月在重庆。

患难、生死之交。

1942 年，台柱陈素真离团，樊粹庭走入人生的低谷，准备筹建儿童剧团，但又奇缺资金，正在这危难之际，赵望云拿出自己的三十幅作品办画展卖画，用以资助樊粹庭。据樊粹庭的同乡好友南瑞麟回忆："当时我是一个建设公司驻泾阳办事处的主任，主管收购棉花。在樊粹庭的剧团最困难的时候，我办了个展室，专门推销著名画家赵望云的画。为了多卖些钱，我就使了个小小的诡计：在许多画的旁边写上我对画的品评，有些还写上我很欣赏，决心买下之类的话，并组织属下去参观。他们一看这些画我都喜欢，便争相购买。不到一个星期，就卖了两千多元。我和赵望云把这些钱全部捐给了樊粹庭，资助他招收学员，排练新戏，东山再起。"

在重庆时期，赵望云曾赠送周恩来先生两幅画，1949 年西安解放前夕，胡宗南占领了延安，在共产党中央办公的窑洞里发现了这两张画，便以通匪的罪名逮捕了赵望云，并进行严刑逼供，让赵望云供出与共产党的联络方式。当他们打听到赵望云与樊粹庭过从较密时，就决计也将樊粹庭进行逮捕。他们抓捕樊粹庭时还颇具戏剧性：他们先将赵望云的大儿子霄霄骗出家来，对他说：你爸爸让你去找樊伯伯，等你把樊伯伯叫到你家后，你爸爸就回家与他谈事。霄霄只有十一岁，还不能识破这个诡计，就跑去剧团找樊粹庭。等到霄霄把樊粹庭找来，还没等进院门，早已埋伏好的便衣把樊粹庭的双臂反扣，蒙上眼睛，塞进汽车拉走了。

樊粹庭被带走后，关在西安市中心的钟楼地下室进行审问。审问也非常闹剧化：

问："你和赵望云是什么关系？"

答："我是编戏的，他是看戏的，我们就是这种关系。"

问："和共产党有没有联系？思想是不是有左倾？"

答："我们在台上卖力唱戏，观众花钱台下看戏，谁还管它台下有什么党？那原先河南省主席刘茂恩、上海闻人虞洽卿都看过我编写的戏，你说我们是什么关系？来的都是衣食父母，我们整天想的是唱戏赚钱吃饱肚子，哪儿有空管什么左倾、右倾，吃饱撑的了！"

问："那你编写的《花媚娘》是骂谁的？是不是骂政府的？嗯！"

《花媚娘》这出戏是樊粹庭于 1940 年 9 月创作完成的，故事写的是隋炀帝时代，一个以卖卜为生的瞎子周老汉，被恶棍殴打致伤，其子周大义恰又被官府抓去挖运河，儿媳花媚娘在恶棍和财主们早已设好的圈套下沦为暗娼，得银给公爹治伤，但不敢把实情告诉公爹，谎称是在外居官的丈夫寄来的银子。后周大义逃役还家，花媚娘自觉愧对丈夫，偷服铅粉自戕，成了封建制度的牺牲品。

写这个剧本的时候，樊粹庭已经历了一次从开封到西安长达一年零四个月的流亡演出生涯，辗转在商丘、南阳、洛阳一带，亲眼看到抗日战争爆发后，祖国半壁河山沦陷，人民处在战火中的苦难生活，以及在国民党反动派统治下的古城西安，政治窳败，尔虞我诈，民不聊生的局面……这部戏确实寄托着樊粹庭忧国忧民的一腔苦闷，对劳动人民的同情之心，充满了对那个黑暗残暴社会的抨击和诅咒。他在该剧第九场《挖河》中写了这样一段合唱：

挖河难，挖河难，难似上青天。

《花媚娘》剧照，陈素真饰演花媚娘，1941 年摄于西安。

撇家离乡所为哪般？

父母草堂盼，妻子泪涟涟。

田荒无人耕，柴缺无人担，

来到此间忍受饥寒。

白骨河边堆，尸曝无人掩，

为的是天子游幸，皇帝喜欢。

天子杯中酒，人民血和汗。

天子哈哈笑，小民哭皇天，

一个高兴万人作难。

休埋怨，把河挖，误了日期把刀餐，

哎哟，哎哟，难难难，真真难。

…………

这无异于是用血和泪交织而成的控诉书，去撞击那块黑暗的社会铁幕。

此戏刚一上演，便引起西安社会当局的不安，随即被禁演了。可见此剧对当时反动势力的冲击是何等强烈，社会当局是何等惧怕它了。时隔不久，到了1947年初，在当时国统区一片"反饥饿，反内战，反迫害"的口号声中，田汉的话剧《丽人行》问世了，剧中女主人公——纺织工刘金妹的生活遭遇和樊先生笔下花媚娘的命运如出一辙，非常相似。《丽人行》在无锡、上海等地的演出同样引起很大的轰动，反动统治者如临大敌，想尽种种办法阻挠此剧的演出。但因该剧的演出受到党中央、特别是周恩来先生的重视和关注，也使出针锋相对的计策，才保证该剧在两地的顺利演出。《花媚娘》和《丽人行》，一前一后，一古一今，一北一南，在那个时代均起到了揭露黑暗、针砭时弊，唤起民众之觉悟，奋起与反动统治作抗争的作用，堪称姊妹篇。

赵望云,1961 年摄。

　　因此，狱中的审判官问樊粹庭是否左倾也并非事出无因。樊粹庭毕竟在江湖上混了多年，三教九流、青洪帮他都见识过，回答得非常机敏、圆滑，滴水不漏："这个戏是骂隋炀帝杨广的。隋炀帝不该骂吗，老总？"审判官哑口无言。一个多月后，经过地下党四处活动，剧团又凑了一笔钱，樊粹庭才得以出狱。

　　实际情况是：早在 1940 年，中共西北局的地下党员，如陈子敬、杜松山、王子珍、李茂堂等，均看过樊粹庭编排的戏。陈子敬在其回忆录中写道："过去旧戏中的人物，行侠仗义，劫富济贫，完全靠个人英雄主义，孤身奋斗，而他的戏中人物，却懂得发动群众，靠众人的力量打击贪官污吏，这个思想很不简单……看来这个编戏的人，思想还是挺进步的，他知道发动群众这个道理。"

从那个时候起，地下党就把樊粹庭列为统战对象了，他和赵望云被捕入狱的消息，陈子敬他们很快就知道了，在樊、赵被审讯期间，地下党通过种种关系，多方解救，樊粹庭、赵望云很快得以释放。

从狱中出来后，陈子敬曾经想把樊粹庭和他领导的狮吼剧团经三原县送到延安去，但因敌人封锁太紧，剧团行动目标过大，终未成行。但西安要解放的消息，樊粹庭通过地下组织是提前知道的。所以，解放军围攻西安时，樊粹庭领着剧团的一班孩子，躲在剧团排练厅里，给他们讲故事。等到枪炮声一停，他让孩子们排好队，手中举着小红旗，带领他们走到西大街的路沿儿，迎候进城的解放大军……

西安解放以后，甘肃国民党马鸿奎的骑兵又来反扑围攻，弄得人心惶惶，许多演员如常香玉、崔兰田等带剧团早已转向宝鸡、酒泉、兰州讨生计去了，西安局势显得非常混乱和不稳定。据当时军管处处

《雷峰塔》剧照，王敬先饰演小青，时年14岁。1947年摄。

长苏一萍回忆："当时，城内的枪声还没有止，东西南北四条大街少有行人，城南终南山、韦曲一带还有敌人活动……大街上铺面把门板都上了，店铺也都纷纷上了门。"

为稳定人心，当时负责管文艺的苏一萍、柯仲平、胡采等同志，就建议狮吼儿童剧团尽早恢复演出，樊粹庭非常积极，立即复排剧目，准备演出。西安市解放后的第一次大型演出是在南大街雍新剧院，演出剧目是由樊粹庭编导的《雷峰塔》，王敬先饰演小青，关灵凤饰演白娘子。观看这场演出的全部是解放军的指战员，在前几排就座的有彭德怀、贺龙、习仲勋及西北局党政军的领导同志。当演到小青痛打由法海派来的鱼、虾、鳖、蚌诸精时，贺老总带头鼓起了掌。过了几天，樊粹庭因开会在中正堂遇见贺老总时，贺老总拍着樊粹庭的肩膀问："这个戏是你编的？"樊粹庭点了点头。贺老总大笑说："编得好，打得好！法海该打！"

还有一次，樊粹庭携夫人常警惕，观看刚从延安迁址西安的民众剧团演出的自创剧目《李闯王》，他们二人在前几排就座，发现坐在前面的是习仲勋同志。常警惕在回忆录中写道："习仲勋同志平易近人，不断地扭回头与坐在他身后的粹庭交谈。习仲勋同志吸烟时还亲自划了根火柴给粹庭点烟，粹庭也就毫不客气地伸手接受了点烟。这时候我对粹庭说：'习仲勋同志是领导，给你点烟，你也就接受了？''人家共产党平等对人，不讲究那一套。'粹庭分辩说。"

这个时期的樊粹庭，对新的政权充满了期待。

第十三章 ｜ "以工换工"
　　　　　　——樊粹庭与常香玉

常香玉(1923—2004),生于河南巩县。豫剧名旦六大家之一,创立常派唱腔表演艺术,获得国务院授予的"人民艺术家"荣誉称号。图为 1938 年摄,时年 15 岁。

　　1935 年底,常香玉跟随豫西调泰斗周海水和父亲张福仙进开封演戏时,还是个刚刚出道不久、从豫西山沟野台子上跑出来的不满十三岁的小姑娘,而此时樊粹庭领导的豫声剧院在开封已经是火得不得了的名团,台柱子陈素真已被省府观众封为"河南梅兰芳"和"豫剧皇后"。然而,不到一年时间,常香玉就与陈素真、司凤英并驾齐驱,在开封形成三角鼎立之势,从此,"豫声"(陈素真所在戏院)、"永安"(司凤英所在戏院)和"醒豫"(常香玉所在戏院)三大戏班,在开封唱起了"对台戏"。所以,樊粹庭和常香玉一开始就是以竞争者

13 岁的常香玉与母亲，
1936 年摄。

的身份出场的，尽管此时的他们谁也不认识谁。常香玉曾回忆说："（20 世纪）30 年代，我在开封演出时就知道有个樊粹庭，但是只闻其名，未见其面。那年月戏班竞争得很厉害，谁有观众谁就站住脚，谁没观众谁就会垮台，谁就没饭吃，双方唱起了对台戏。"

樊粹庭、常香玉虽是对手，但樊粹庭没有把常香玉视为对头，反而对她的艺术十分赞赏。

当年"捧狗团"活跃分子、著名诗人苏金伞曾著文回忆道："樊粹庭除了专门给陈素真编戏，辅导陈素真提高表演艺术水平外，对初到开封演出的常香玉也大加赞赏，一点也不抱成见。他向我推荐常香玉，夸奖她的演戏了不得，怂恿着我去看。我就是在他的影响之下去看了常香玉的演出的……这一点他是很难得的。"

　　1938 年 6 月，开封沦陷，侵华日军又向郑州推进，许多艺人纷纷往西避难。到了 1939 年，常香玉的戏班来到西安，组建豫秦剧院，不期又与樊粹庭的狮吼剧团唱起了对台戏。樊粹庭的"狮吼"虽经挫折，但经过艰苦卓绝的奋斗，到了 1944 年，儿童剧团在社会上已经打了翻身仗，演出有很大的号召力。樊粹庭深深体会到"名师出高徒"的艺术规律，早就有延请常香玉到"狮吼"给剧团台柱关灵凤传授她的看家戏《秦雪梅吊孝》的打算，但又不好意思直接给常香玉明说。于是，樊粹庭就请西安智怡医院的名医兼院长高智怡（京剧名家尚长荣的岳父）出面说合。高院长是两家剧团的高级粉丝，而且仗义疏财，两家剧团的任何人有了病，到他那里看病都不要钱。这一天，高院长把樊

刚刚演出结束的常香玉，1939 年摄于西安。

粹庭、常警惕夫妇和陈宪章、常香玉夫妇请到东大街的一家南方饭店吃饭，说明了来意后，常香玉一口答应了下来，并说不要报酬。樊粹庭正在过意不去之际，忽然计上心来。他知道，常香玉演戏长期缺少一个好的女小生，如果需要时，要不请汤兰香反串，要不就请崔兰田反串，于是樊粹庭提出让自己的夫人——专工小生的常警惕与常香玉"以工换工"，常香玉来教关灵凤《秦雪梅吊孝》，常警惕去给常香玉配小生。这当然是常香玉求之不得的。虽然后来因常香玉怀孕，呕吐得厉害，剧团不得不停演而未成行，但樊、常两家台上是对手、台下是朋友的事迹，在西安梨园界已传为美谈。

这期间常香玉也学演了许多"樊戏"，直到 20 世纪 50 年代初，

"西北豫剧第一小生"常警惕，在《黄鹤楼》中饰演周瑜，时年 17 岁，1943 年摄。(樊爱众供图)

1950 年代,常香玉(右)与赵义庭合作演出"樊戏"《邵巧云》。

常香玉返豫成立河南豫剧院后,《邵巧云》《女贞花》《义烈风》等都是常香玉常演的剧目。

笔者在前面曾讲过,狮吼儿童剧团成立初期,易俗社曾派名旦宋上华来为王景云排了一出《拷红》,其中有一个"耳旁边忽听得金鸡三唱"的唱段,樊粹庭经再三思考,将它用曲剧中"书韵"板式来演唱,取得了很好的剧场效果。据说常香玉从开封来到西安后,观看了"狮吼"的演出,觉得这段曲剧唱腔很新颖,就把它吸收进了六部《西厢》中,略加改进后成为自己的经典唱段。

常香玉(中)陈宪章(左)夫妇与韩盛岫,1951年摄于西安。
(樊爱众供图)

① | ②

① 1950年11月3日陕西《群众日报》刊登的西安戏剧界联合公演剧目单,狮吼剧团的《席永平》与常香玉、崔兰田合演的《二度梅》排在一起,演出地点:易俗社。

② 1951年7月13日陕西《群众日报》刊登的剧目单,"樊戏"《邵巧云》和常香玉主演的《柳化蝉》排在一起,演出地点:长安大舞台。

第十四章 | 洛阳邀"角儿"
　　　　——樊粹庭与崔兰田

崔兰田(1926—2003),生于山东曹县。豫剧名旦六大家之一，创立崔派唱腔表演艺术，被称为"豫剧悲剧美的创造者"。图为1944年摄,时年18岁。

1942年秋，陈素真离开"狮吼"以后，樊粹庭一边艰辛筹建儿童剧团，一边让常警惕、张敬盟等大一些的演员搭别人家的戏班，挣钱供养"小科班"，还要一边设法到河南去邀角儿。他听说有一个唱豫西调的坤角新近在洛阳唱得很红，就决计克服西安到洛阳交通不便的困难，顶着严冬酷寒，冒着被土匪、逃兵抢劫的生命危险，到洛阳去邀角儿。

樊粹庭要邀的这位"角儿"，就是崔兰田。

其实，关于樊粹庭弃官办剧团、锐意改革豫剧的事迹，崔兰田早有耳闻，并且知道他极有才华，待人热情

崔兰田演出《虹桥关》，时年 15 岁。
1941 年摄于洛阳。

厚道，口碑极好，不由心中暗生敬意。当时崔兰田正搭楚公民的班子在洛阳世界舞台演出。崔兰田在回忆录中写道："快开演的时候，大家都议论说樊先生来看我们的演出了，我出于好奇，揭开帷幕透过一丝缝隙向台下张望，见他身着中山装，整整齐齐，一副文化人的模样，一看就是个非常干练的人，不像帷幕后面这些人土里土气没知识，立即给大家留下一个很好的印象。"

因为已接了另一家戏班一季的定钱，再加上当时洛阳到西安交通十分不便，崔母执意不同意，樊粹庭此次邀角儿失败，但给崔兰田留下极深极好的印象。

到了 1944 年，河南抗战局势越来越紧，崔兰田携全家逃到西安搭高成玉的班，在尚仁路的新民戏院演出，与樊粹庭又见了面，而且他经常来看崔兰田的戏。樊粹庭夸赞她唱得好，大腔大口，实属黄钟大吕之音，声腔中天生带有一种凄美哀婉的情愫，十分感人，适宜悲剧。同时还非常诚恳地指出她的不足，说她的台步有问题，跑起圆场像踢皮球一样，可能与她幼时工生行有关，提醒她注意。有一次，樊粹庭看崔兰田演出《刀劈杨藩》，散场后樊粹庭上台对崔兰田说："兰田，你握刀的位置不对，导致姿势也不美。圈内人常讲：'旦要松，净要撑，生角弓，武生取当中。'"他一边说一边给崔兰田做着示范。樊粹庭上学时曾拜过京剧名师学艺，做出动作来边式、美观，令崔兰田大开眼界，获益匪浅。

有一次，崔兰田问樊粹庭自己能不能演他编的戏，樊粹庭非常爽快地说："可以呀！"崔兰田在一个时期上演过许多"樊戏"，如《义烈风》《霄壤恨》《凌云志》《涤耻血》《克敌荣归》等，"樊戏"积极的思想意义和

1950 年 11 月陕西《群众日报》刊登的西安戏剧界为灾民募捐义演剧目单，兰光剧团崔兰田主演"樊戏"《凌云志》。

不俗的艺术境界，大大熏陶了兰田的情趣，加速了崔兰田从唱高台到都市化的艺术脚步。通过演"樊戏"，崔兰田非常喜爱樊粹庭写的戏词，用她自己的话说："他写的词唱起来很上口，而且词句严谨，雅致精美，意境深远，雅俗共赏，有文化的人欣赏，没文化的人也欣赏。"所以，崔兰田经常请樊先生给她写唱词、改唱词。

有一次，崔兰田与常警惕在新民戏院演出《牛郎织女》，樊粹庭来看戏。崔兰田见了樊粹庭说："樊主任，这个戏里有段唱词太别扭，您给改改呗。""改就改呗，那有啥难的。"樊粹庭说这话的时候已是下午四五点钟。然而不到一个时辰，他就拿着改好的唱词来找崔兰田了。崔兰田和常警惕正在后台化装，崔兰田问："可写好了？好快呀。"樊粹庭说："就那我还在隔壁珍珠泉浴室洗了个澡哪！"等到化好装，崔兰田也把新词背好了，当天演出就按新词演唱的。

崔兰田多年后还记得樊粹庭为她改过的《桃花庵》中的唱词：

> 送秋去迎春回苦度时光，想起来久别的张才夫郎。
> 自那年虎丘山去把会望，到如今十二载未曾还乡。
> 每日里倚门户将夫盼望，每夜里对青灯暗自凄凉。
> 听夜雨敲窗棂更鼓漏尽，每夜里伤心泪滴湿枕旁。
> …………

据崔兰田回忆，樊粹庭为她写这段唱词时，是趴在床底下写的。因为当时日本侵华的飞机一直在头上"嗡嗡"叫，干扰樊粹庭的思路，他一不做二不休，干脆就

1962 年,崔兰田(右)与徒弟张宝英合作演出《桃花庵》。

爬进床底,很快就把这段词写出来了。

　　最使崔兰田难忘的是在那个时期,她和樊粹庭的夫人、被称为"西北豫剧第一小生"常警惕的长期艺术合作,她们二人合演过很多戏,如《秦雪梅》《贩马记》《天河配》《虹霓关》《蓝桥会》《凤仪亭》《叶含嫣》,等等。她们在台上,一个扮相英俊潇洒,一个声腔柔情似水,被广大观众誉为"金童玉女",堪称舞台上的一对绝配。据崔兰田自己讲:"解放以后正是因为缺少一个好小生,我的许多闺门旦戏都给扔掉了。"

现代豫剧之父樊粹庭画传

台上一对金童玉女,台下一双姊妹花。崔兰田(右)与常警惕,
1944 年 10 月 10 日摄于西安。(樊爱众供图)

①	②
③	④

1944—1945 年,崔兰田与常警惕合作演出了多部剧目。

①《秦雪梅》剧照　②《蓝桥会》剧照　③《虹霓关》剧照　④《凤仪亭》剧照

（樊爱众供图）

现代豫剧之父樊粹庭画传

1962 年,在河南省豫剧名老艺人汇演座谈会上,崔兰田与常警惕再次合作,展演《贩马记》,崔兰田(左)饰演李桂枝,常警惕饰演赵宠。两人的表演珠联璧合,炉火纯青。

1981 年,崔兰田率安阳豫剧团到西安演出,与常警惕等老朋友欢聚。右起:赵玉兰、常警惕、崔兰田、张凤云、崔兰玉、马蓝鱼。

第十五章 "他对一切总是热情的"

1952 年,樊粹庭参加陕西省文艺政策讲习
会。(樊爱众供图)

1949 年 5 月西安解放后,樊粹庭怀着一颗艺术家的
赤子之心,充满着对祖国、对新政权的新奇和期许,以
满腔的热忱,全身心地投入艺术创作,并积极参加党和
政府发动的各项运动、举办的各种各样的学习班,努力
改造自己的世界观和艺术观,力图把自己旧有的世界观
和艺术观,改造成与党的唯物主义世界观及马列主义的
艺术观相一致。比如新中国成立初期,他积极参加戏曲
战线上的"改戏、改人、改制"的戏改运动;在 1952 年
的"三反五反"运动中,他将自己一手创建的狮吼剧团
的财产清理后,全部交给了政府;1953 年亲自率团赴朝

① | ②

① 1950 年 3 月,河南省人民政府聘书,聘请樊粹庭为首届无党派民主人士代表。

② 1952 年,樊粹庭加入中国民主同盟申请表。

慰问"最可爱的人"——中国人民志愿军……整个社会积极进取的精神面貌极大地调动了他的艺术创造力,从1949 年到 1957 年前,他创作出《吕四娘》《双蝴蝶》《劈山救母》《松树坪》《李慧娘》《火焰山》《冲喜》《雷震海》《如此节烈》及现代戏《法网难逃》《两条路》《杨柳村》等剧目;号称"樊戏"四大历史剧的《再生铁》《宋景诗与武训》《王佐断臂》《水工郑国》,也是在这个时期产生的。

其中《再生铁》是新编历史剧的第一部,写的是秦末陈胜、吴广起义事,是樊粹庭在新中国成立之后,经过学习共产党的文艺方针政策,观摩了《白毛女》《逼上梁山》等大量戏剧新作之后,于 1949 年 12 月创作出的第一部新编历史剧。它在取材上,是一部紧密配合当时的土地改革,宣传共产党、新政府剿匪反霸、重建家园、发扬延安精神的新编历史剧,当时的《戏曲报》曾发表文章,认为"这出戏为河南的旧剧改革工作提供了一个很好的范例"。写这部戏的时候，樊粹庭的儿子樊爱众尚在襁褓之中，这孩子白天睡觉晚上闹人，而樊粹庭习惯开夜车，孩子闹得他写不成怎么办？樊粹庭找来一块木板，两头用绳子拴住，挎在自己脖子上，然后把孩子放在木板上，一只手写字，另一只手摇动木板。这一招既狠且灵，儿子马上不哭了。《再生铁》就是这样写成的。

《王佐断臂》一剧系根据京剧传统剧目《八大锤》改编，描写岳飞的参军王佐，在朱仙镇的抗金战役中，为了争取失落番邦十六载、并被金兀术收为螟蛉义子的忠烈之后陆文龙重返大宋，而自断左臂投降金营。在深明大义的乳娘全力配合下，使陆文龙得知自己原是为国捐躯的潞安州节度使陆登之子，如今认贼作父，与宋为敌，痛心之余，奋然投效岳飞，大破金兵的故事。该剧堪称"樊戏"精品中之精品，樊氏剧作的最高水准。1955 年

① ｜ ②　　　① 20 世纪五六十年代出版的部分"樊戏"剧本 (樊爱众供图)
　　　　　　② 1982 年中国唱片公司发行的《王佐断臂》唱片

1950 年,狮吼儿童剧团演出《再生铁》,杨瑞武(右五)饰演陈胜。(樊爱众供图)

1954 年,狮吼儿童剧团演出《吕四娘》,邢枫云(左一)饰演吕四娘。(樊爱众供图)

剧本完成后，第二年 6 月参加了陕西省第一届戏剧观摩演出大会，一举夺得剧本改编、导演、演出、音乐四个一等奖的"全满贯"。1957 年，狮吼剧团携该剧晋京演出，誉满京华，由中央人民广播电台向全国实况转播；《戏剧报》发表文章称赞"这实在是一出难得的好戏"。樊粹庭随后率团进中南海为中央领导演出，受到彭德怀元帅、习仲勋副总理和文化部部长茅盾及周扬、田汉等领导的亲切接见。

在《王佐断臂》的整个改编过程中，樊粹庭坚持存菁除芜的原则，敢于保留，也敢于去舍。比如第一场《八大锤》，原来豫剧和京剧的演出都是四十余分钟，经过樊粹庭的再三压缩，演出三十分钟，但仍不符合当代观众的审美趣味，于是重新改写第一场，做到适可而止，

① | ② | ③　　① 1956 年陕西省第一届戏剧观摩演出大会纪念专刊
② 演出大会剧目说明书
③ 狮吼剧团展演《王佐断臂》，说明书上写着：改编樊粹庭，导演徐碧云、樊粹庭。

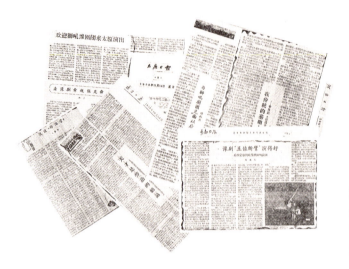

20 世纪五六十年代，全国各地报纸发表的"樊戏"评论文章，一片赞誉之声。

恰到好处。最终使这出戏成为一个文武兼备、唱做俱繁的文不冗、武不滥的豫剧经典和许多剧团的"看家戏""吃饭戏"，长演不衰，传唱至今。

就在这一时期，樊粹庭当选为河南省人民代表、陕西省人民代表，担任西北文联副主任、西安市文联副主任等职。

常警惕曾在《他对一切总是热情的》这篇文章中写道："粹庭是一个感情炽烈而且直率外露的人。……他把这种热情倾注于解放后的新生活，几乎是怀着一种孩子般纯真的热情去熟悉和讴歌新人物和新事物。……他在事业上好像有一个公式：求新、学习、实践、总结，周而复始，循环前进。……他对事业的热情几乎是倾注在每一个工作的环节上。他对一切总是热情的、认真的、老老实实的。"

1954 年 4 月，樊粹庭、常警惕夫妇赴朝慰问演出归国。此时，常景荻已改名常警惕。（樊爱众供图）

张敬盟（1925—2012），生于山东曹州（今菏泽）。8 岁加入豫声剧院，后至狮吼剧团。主工须生，文武兼备，唱念俱佳，成功塑造了王佐、刘彦昌等舞台艺术形象。

$$\frac{①}{②\ |\ ③}$$

① 在《劈山救母》中饰演刘彦昌（右二）

② 在《十五贯》中饰演况钟（右）

③ 在《霄壤恨》中饰演涂逢源

① 1956 年,狮吼剧团演出《王佐断臂》,张敬盟(左)饰演王佐,何尚达(中)饰演陆文龙,石兆明饰演岳飞。(樊爱众供图)

②③ 时隔二十多年,1979 年再度演出《王佐断臂》,张敬盟饰演王佐,赵国瑞饰演乳娘。(樊爱众供图)

现代豫剧之父樊粹庭画传

1951年农村下乡,前排左起:封至模、樊粹庭、樊爱众(小孩)、柳风,后排立者为马健翎。(樊爱众供图)

1951年,西北第一次文代会召开,代表们欢聚一堂。第二排左三为樊粹庭,左二为赵义庭,左六为封至模;第一排左三为常香玉,左四为陈素真。

1952年12月,樊粹庭(右二)参加《在延安文艺座谈会上的讲话》讲习班后,领取奖品。(樊爱众供图)

樊粹庭、常警惕夫妇与儿子爱众，
1952 年 11 月摄于北京。(樊爱众
供图)

1952 年 11 月，樊粹庭、常警惕在北京参加全国首届戏曲观摩演出
大会，会议结束后带着儿子爱众在北海公园游玩。(樊爱众供图)

① 1953年冬,樊粹庭率狮吼剧团参加全国第三批赴朝慰问团,担任西北慰问团文艺分团副团长,在朝鲜金川郡一带的中国人民志愿军军部巡回演出。后排右一为常警惕,右四为樊粹庭。

② 慰问演出期间,樊粹庭(左一)、胡采(左二)、常警惕(右一)与志愿军首长在一起。

③ 1954年3月,赴朝慰问演出归国后,常香玉、樊粹庭、常警惕、邢枫云(右起)在西安人民大厦前相聚。

　　1955年，京剧名家徐碧云从北京来到西安，受聘于狮吼剧团任教。这年夏天，几家人欢聚在一起，小院里洒满了灿烂的阳光，每个人的脸上都带着金子般的笑颜。这是一段踏实又轻松的日子，尤为难得。

　　前排左起：张敬盟、高立骊（高智怡女儿）、王玲玉（徐宏轩夫人）、于德珍（徐碧云夫人）、常警惕、董晨波（高智怡夫人）；后排左起：高智怡、徐宏轩、徐碧云、樊粹庭；前排右一、右二两小孩分别为高智怡的女儿高立满、儿子高立汀。摄于高智怡家。（樊爱众供图并图注）

1957年9月,京剧艺术大师梅兰芳率团西北巡演来到西安。这天,梅兰芳先生(前排中)在省文化厅厅长罗明(前排左)陪同下,来到狮吼剧团,与樊粹庭(前排右)以及常警惕、潘雪芬、王淑惠、宋解英(后排左起)亲切交谈并合影留念。(樊爱众供图并图注)

① ｜ ②

① 1957年9月26日,梅兰芳在西安人民大厦礼堂,夜场演出全本《凤还巢》。

② 演出结束后,樊粹庭(后排右二)、常警惕(后排右四)率剧团演员给梅兰芳(后排居中)献花。(樊爱众供图)

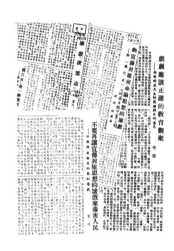

第十六章 河南批"樊戏"揭秘

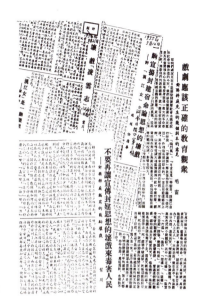

报纸上刊登的批"樊戏"文章

正当樊粹庭怀着极高的政治热情从事艺术创作之时，在河南省会开封报纸上发表的一篇报道，使他大为震惊："开封市实验、和平、民乐等剧社提出：《麻风女》（即《女贞花》）一剧是宣传因果报应迷信思想的坏戏，不再演出。"（详见 1954 年 6 月 29 日《河南日报》）

还没等樊粹庭反应过来，紧接着，1954 年 8 月 14 日《河南日报》发表了第一篇批"樊戏"的文章《坏戏〈凌云志〉》；紧接着，8 月 21 日《河南日报》连续发表叶川、赵超、丙羊等人批判"樊戏"《凌云志》《伉俪箭》《汉江女》《柳绿云》《克敌荣归》等剧的文章。

到了 1955 年 6 月 5 日，《西安晚报》出现了署名毛宙的文章《戏剧应该正确地教育观众》，批判"樊戏"是"腐化着人民的思想，麻醉着人民的斗争意志"、与"党的文艺方针背道而驰"的"坏戏"。1955 年、1956 年这两年，《河南日报》干脆一不做二不休，连续发表了《反对戏曲中低级庸俗演唱》《"樊戏"不能当作传统剧目》等批判文章，批判的火力凶猛，如洪水猛兽，劈头盖脸，迎面扑来，没有丝毫的酝酿阶段和前奏，使樊粹庭猝不及防，一下把他给砸蒙了。因为就在前不久的西安《群众日报》还发表了一篇很长的文章，题目是《略谈西安的"河南戏"》，对"樊戏"和樊粹庭其人大加赞赏，说"樊戏"内容上是"反抗封建礼教束缚"的，"作者用了新的革命文艺的观点，站在人民的立场上来改编，所以在客观上所表现出来的效果，更与人民大众有利，直接起了教育作用"的，"受到人们欢迎"的……怎么时隔没几日，"樊戏"竟变成了"有稀奇古怪的情节，有肉麻庸俗的低级趣味，有表彰忠义、奖善惩恶的伪装"、宣传"因果报应"、宣传"宿命论"、宣传封建迷信和"歌颂吃人的封建婚姻制度"的十恶不赦的大毒草了呢?! 这真的叫许多人百思而不得其解。于是，就有了许多猜测：是不是樊粹庭在河南得罪谁了？再不然是同行嫉妒樊粹庭在西安取得的成就，想诋毁他？更有甚者，河南戏剧圈里人竟怀疑此事与香玉剧社来河南脱不了干系。为什么呢？原因是：从樊粹庭、陈素真和常香玉早于 1936 年在开封就摆开"捧狗队"和"闻香团"的对垒开始，一直到西安

①｜②
———
③

① 1961年冬,樊粹庭在西安灞桥郭东渠下乡锻炼。

② 1958年,樊粹庭(左一)带领剧团下乡演出。

③ 1958年,樊粹庭(左)参加农村劳动,体验生活。

(樊爱众供图并图注)

的"狮吼"和"豫秦"（常香玉演出的剧院）两家的较劲、对台戏几乎唱了二十年，难免有"醋"啊、"酱"了的……1954年5月，香玉剧社刚由西安迁至河南，紧接着这年的6月29日《河南日报》就发表了《麻风女》是"坏戏"，"不再演出"的报道，这其中难道没有丝毫的联系吗？凡此种种，这个谜团一直困惑了河南人许多年。时隔三十余载，直到1985年，由笔者根据"樊戏"《女贞花》改编的新古典主义剧作《麻风女传奇》在郑州首演时，前来助兴、捧场和指导的许多专家、同仁散戏后还问我："这么好的戏，为什么在1954、1955两年突然遭受到几乎是毁灭性的批判呢？而且来势那么凶猛。

樊粹庭(前排右)率狮吼剧团晋京汇报演出期间,京剧表演艺术家侯喜瑞(前排左)与剧团演员亲切见面,左起:任广立、王国顺、陈道根、温好德、严勤喜,这五人均演花脸行当。1957年6月11日摄于北京。(樊爱众供图并图注)

1957 年 6 月，狮吼剧团晋京公演《女贞花》，受到首都观众与专家的好评。邢枫云(左)饰演邱丽玉，萧淑琴饰演陈绿琴。

你是'樊戏'研究专家，你能回答这个问题吗?"

为了弄清楚这个问题，笔者开始查阅当年的许多资料，但均无结果。直到 2003 年，在做"樊戏"研究的功课时，翻阅 1950 年至 1957 年间的《戏剧报》，看到 1954 年的 4 月号刊，有两篇文章是批评当时在北京演出的评剧《麻风女》的，一篇是著名戏曲理论家张真写的《反对演坏戏》，一篇是署名何海生写的《〈麻风女〉是一出坏戏》。不过这两篇批评文章主要是针对评剧《麻风女》，何海生只在自己的文章中顺便提了一下"河南梆子又名《女贞花》，和山西梆子偶亦演出"这句话，他本人并没看过樊粹庭编写的《女贞花》。

以上两篇批评评剧《麻风女》的主要观点为：一、演出有大量的色情表演；二、"它宣传了封建迷信和宣传了荒唐的反科学的观点"；三、"增加人民群众对麻风病的恐怖和对麻风病患者的歧视"等。但

1960 年 12 月 6 日，著名戏剧家田汉观看了狮吼剧团在易俗社演出的《长坂坡》。第二排右六为田汉，右二为樊粹庭。(樊爱众供图)

他们所提的这些问题都不符合豫剧《女贞花》的实际。1957 年，樊粹庭率西安狮吼豫剧团晋京汇报演出，除《王佐断臂》《雷振海》等剧目外，樊粹庭还专门为北京的专家、学者安排了一场豫剧《女贞花》的演出（邢枫云饰邱丽玉，萧淑琴饰陈绿琴）。观摩演出后，著名文艺批评家戴不凡在该年的《戏剧报》第 16 期，写了一篇题为《谈谈豫剧〈麻风女〉》的文章，对此前张、何的论点均做了针锋相对的批驳。戴先生的文章首先认为：《女贞花》虽然是一个"艺术质量不高的戏，可是它一方面多少具备一些尚有意义的思想内容，另一方面也并没有宣传什么过于有害的东西"，"它是可以演出的"。

至此，是非曲直，昭然若揭。河南批"樊戏"之谜亦随之不攻自解。我们从中大概可以为此次事件理出一

1985年，为纪念樊粹庭诞辰八十周年，根据"樊戏"《女贞花》改编的《麻风女传奇》，由新郑县豫剧团在郑州首演。演出结束后，常警惕(右二)与主演万珍兰(右一)、万玉珍(右三)亲切见面，祝贺演出成功。

2018年，开封市豫剧院演出《麻风女传奇》，苏丽娜(左)饰演邱丽玉，赵永乐饰演陈绿琴。此为豫剧第五代演员演出"樊戏"。

豫 剧

叶含嫣

原名洛阳桥

樊粹庭 改编

於西安夏声剧院

1961年 月 重抄

《叶含嫣》剧本。《叶含嫣》由樊粹庭改编于
1941 年，此为 1961 年重抄本。

个时间线来：1954 年，由于当时全国戏曲界在传统戏的演出上出现了
一些较混乱的现象，中央"戏改委员会"就发出反对上演坏戏的号召，
于是乎就有了 1954 年 4 月《戏剧报》的张、何两先生批评评剧《麻风
女》的两篇文章。"上有所好，下必效之"，于是乎开封市文化局积极
响应党的号召，便在 6 月 29 日这天，几家剧团如"和平""实验"
"民乐"等提出《麻风女》是"宣传因果报应迷信思想的坏戏，不再演
出"的口号。紧接着《河南日报》于 8 月 21 日刊登叶川的批判文章
《坏戏〈凌云志〉》，说它"拥护封建礼教，宣扬宿命思想"；是年 9 月
7 日，《河南日报》又刊登批判"樊戏"《伉俪箭》的文章，说它
"离奇怪诞"，"歌颂了封建统治阶级"，"歪曲了农民起义"，并建议
各剧团不要把该剧再现于舞台。批判一直延续到 1955 年、1956 年，
《河南日报》及陕西《西安晚报》相继发表了《一出宣扬封建宿命论思
想的坏戏——评〈汉江女〉》《不要再让宣传封建思想的坏戏来毒害人

民——评樊粹庭编写的几出坏戏》《反对戏曲中的低级庸俗演唱》《"樊戏"不能当作传统戏》及《戏剧应该正确地教育观众——对樊粹庭先生的几个剧本的意见》等。在这些批判文章中，以"莫须有"网织罪名、采取"一棍子打死"然后"再踏上一万只脚"方才解恨者，有；然而更多的是出于对党的事业的忠诚、对"无产阶级文艺事业"的热爱、借此向党表"忠心"。尤其到了"文革"时期，这种人越来越多。这是中国文人的悲哀。至于说批"樊戏"这么大的动静有没有它的背景，这很难说。就事论事，笔者对这个问题的看法是这样的："樊戏"本身有没有问题和瑕疵？我的回答是肯定的，问题在于站在什么立场和用什么样的方法去批评。一句话，

《邵巧云》剧照，王敬先饰演邵巧云，1980 年代摄。(刘仪清供图)

1950 年, 狮吼儿童剧团演出《邵巧云》, 关灵凤(左三)饰演邵巧云, 其他演员有: 关山峰(左四)、王孝友(左五)、杨淑香(左一)、王淑惠(右四)。(樊爱众供图并图注)

我们不能用今人认识问题的高度去苛求前人, 而是看前人为更以前的人们增添了什么, 是前进了还是后退了, 这才是所谓辩证唯物主义者和历史唯物主义者应持的态度。

历史告诉我们: 具有生命力的东西是批不倒的! 果然, 到了 1957 年就有人站出来为"樊戏"鸣不平。1957年 6 月 4 日, 开封市一位较有影响的剧作家兼导演周则生率先在《河南日报》著文, 呼吁《对"樊戏"不应一律抹杀》; 接下来, 同年的《戏剧报》杂志第 11 期又发表了林立木的文章《为"樊戏"和樊粹庭鸣不平》。

河南对"樊戏"进行过大肆伐剿不久, 樊粹庭带着狮吼豫剧团自西安来郑州, 在当时的郑州剧院演出, 他

1958 年,狮吼剧团二团演出《松树坪》,潘雪芬(左三)饰演杨雪。(樊爱众供图并图注)

本人在附近的一家小旅馆下榻。某日晚上,他正在旅社看报,忽见剧团里的一位同志从剧场赶到旅社对他说:"樊主任,现在剧场休息,可观众鼓掌说非要见见你不可。"樊粹庭听了心中非常纳闷,心想:"我又不是'角儿',一个糟老头子有什么好看的?要我上台,总是有事,怕是又要批'樊戏'了吧?"樊粹庭抱着这样的想法,忐忑不安地硬着头皮登上了郑州剧院的舞台。谁知当他刚步入舞台中央,脚跟尚未站稳,台下便响起雷鸣般的掌声,"樊粹庭!""樊粹庭!"呼喊声此起彼伏。他见观众对他是如此之热爱,激动得不知说什么才好,刚说了句"河南的父老乡亲,兄弟姐妹们……"便老泪纵横,哽咽着再也说不下去了,更猛烈的掌声、喊声如潮,

冯纪汉(1918—1970),生于河南西平县。新中国成立后，历任河南省文化局党组副书记、副局长,河南省戏剧家协会主席。著有《豫剧源流初探》,堪称豫剧理论的开拓者。图为1965年摄。(冯亲属供图)

把他的声音湮没了……剧作家和导演与观众的感情深至如此程度，在整个中国戏曲发展史上并不多见。

1962年，时任河南省文化局副局长的冯纪汉给樊粹庭写了一封信，信中关于"樊戏"部分，他是这样讲的：

你三十多年来创作和改编了几十个剧本，我这里只有一个目录，是您团的同志一九五九年夏天寄给我的。有些戏我看过，但有一大半我都没看过，就我看过的戏，大半是好的，有进步的吧？在旧社会起到过好作用。评论一个多产的剧作家，不是一件容易的事，必须把全部作品进行了认真学习，然后根据历史的发展，郑重地公正地做出分析，这才是对人民、对艺术事业负责的态度，那些动不动就给人打一棒子的批评，是不能算是会操马克思主义文艺批评枪法的。一九五五年我曾看到过一些对你的创作的批评，那些批评是粗暴的，也是十分肤浅的，起不到帮助作者改进创作的作用。如果可能的话，希望你将你的全部作品，设法给我寄来。我倒想系统地经过学习，写一篇《论樊戏》。……豫剧过去没有职业剧作家，一直是土生土长，但从你开了生面，以大半生的精力从事这个工作，做出成绩很大……

　　冯纪汉先生的信言辞虽不多，却铿锵有力，掷地有声，是对"樊戏"和樊粹庭本人公正、客观的评价，代表了广大豫剧观众和从事豫剧艺术事业同仁的心声。

1957年，狮吼剧团一团旅行演出专刊。(樊爱众供图)

1957年3月19日,狮吼剧团新生部成立三周年合影。新生部主任为常警惕(二排左起第九人)。新生部学生毕业后,成立了狮吼剧团二团。(樊爱众供图)

1957年10月,狮吼剧团二团演出专刊。(樊爱众供图)

① 1958 年,狮吼剧团二团演出《红珠女》。

①　王淑惠(左)饰演红珠女,许小青饰演赵海。

②　王淑惠(左二)饰演红珠女

③　右起:王淑惠饰演红珠女,许小青饰演赵海,黄玉珍饰演方氏,刘汝明饰演羽化道人,刘明同饰演赵江。

(樊爱众供图并图注)

1957年秋,狮吼剧团二团在洛阳演出期间,游览龙门石窟。(樊爱众供图)

1957年秋,樊粹庭(中)、常警惕(右)与友人在洛阳龙门。(樊爱众供图)

1957年秋,樊粹庭、常警惕夫妇在洛阳龙门。(樊爱众供图)

③ | ①
―――
　 | ②

1957年夏,四川省川剧团到西安演出,樊粹庭应邀在西安人民剧院为该团演员讲课传艺,进行艺术交流。

① 樊粹庭授课中

② 樊粹庭(中)与川剧院老艺人

③ 讲课结束后,樊粹庭(后排立者左四)与川剧院演员合影。

(樊爱众供图并图注)

① ② ③ ④

1962年冬,著名诗人、翻译家屠岸,戏剧家游默,从北京来到西安,陕西省剧协副主席姜炳泰、剧协干部丁西负责接待,樊粹庭、常警惕陪同友人,游览了西安的名胜古迹。

① 在南郊寒窑,左起:樊爱众、常警惕、游默、屠岸、姜炳泰、樊粹庭、丁西。

② 在大雁塔,左起:姜炳泰、樊粹庭、屠岸、游默、常警惕、丁西。

③ 在兴庆公园,后排左起:丁西、游默、樊粹庭、屠岸、姜炳泰、常警惕,前排蹲者左一为樊爱众。

④ 在南长巷樊家,后排左起:游默、樊粹庭、屠岸、丁西、姜炳泰、常警惕,前排蹲者左起:樊爱众、樊莹。

(樊爱众供图并图注)

现代豫剧之父樊粹庭画传

1965年,狮吼剧团演出现代戏《李双双》,邢枫云(右)饰演李双双,张敬盟(左)饰演孙喜旺。(樊爱众供图)

第十七章 | 以戏为命的最后日子

工作闲暇,樊粹庭喜欢与孩子在一起。右为儿子樊爱众,左为女儿樊莹,1952 年摄。(樊爱众供图)

现在看起来，樊粹庭在解放初期对新政权的期许，是带有许多幻想成分和主观愿望的，他满腔的热情中也略带有天真和幼稚之嫌。但在当时他确实是那么做了，从来没有考虑到政治的残酷和变幻莫测。在人与人的交往中，他除了善意、热情、诚恳外，充其量不过略略带有些江湖商人的那点小小的狡黠，从无有过害人之心。无数的事实证明，这种人一旦遭遇到残酷的政治风暴，定会被摧残得粉身碎骨；20 世纪 50 年代中期，河南批"樊戏"，批得他是一头雾水；还在惊魂未定之际，1957年的"反右"斗争，他又被斥为"右倾落后"，"单纯业

1961 年,樊粹庭与他疼爱的一双儿女。于明江摄。(樊爱众供图)

务观点严重";到了 1962 年、1964 年以后,他干脆被剥夺了写作的权利,赋闲在家。难道他们这些人真的不知道夺去了笔杆就等于夺去了他的命吗?!樊粹庭时常百思不得其解而陷入深思,他在日记中写道:"解放前夕,我冒着杀头的危险去接触地下党组织;解放初期,我倾囊将全部家产都捐给了国家,把自己变成一个身无分文的穷光蛋,却还拼着命地跟党走……难道这一切我都是在'作秀'吗?难道我以往所做的一切真的都白做了吗?为什么解放前都能做到的事,到现在做起来这么难呢……"

樊粹庭变得连自己都不认识自己了。他陷入了极度的困惑中,走进了无解的思维旋涡。他曾不止一次对夫人常警惕说:"我很想找一个没人的地方痛痛快快地哭上一场!"此时,守在他身旁的常警惕,是他唯一的精神支柱。这个十四岁即追随樊粹庭从洛阳到西安,一路陪

1947 年, 樊粹庭、常警惕结婚纪念照。(樊爱众供图)

他走过凄风苦雨的非凡女人，只能强忍眼泪，赶快转移话题，化解他的郁闷。她知道，命运似乎又到了一个拐点，樊粹庭显得是那么无助，那么无奈，她不仅要在生活上给予他更加无微不至的照顾，还要在精神上与他相互守候与依赖。可是，她哪里会料到，等他离世后，她的人生还会再遭遇抄家、挨斗、游街的一连串打击……

常警惕曾在回忆录中写到，1965 年，樊粹庭去世前的最后一个春节晚上，他请来亲朋好友，围坐在自己身

1961 年，全家人在南长巷小院里，右起：樊爱众、樊粹庭、常警惕、樊莹。于明江摄。（樊爱众供图）

1963 年 4 月,樊粹庭带儿子爱众游历青岛。(樊爱众供图)

现代豫剧之父樊粹庭画传

少年樊爱众，刻苦练功。1961年摄于南长巷4号。
(樊爱众供图)

旁，并请其中一位朋友替他抄录下唐代大诗人孟浩然的
一首五绝诗贴在墙上，诗曰："不才明主弃，多病故人
疏。白发催年老，青阳逼岁除。"他反复吟诵，还说：
"看看这诗写的像不像我？"

时隔不久，坏消息频频传来：陕西省戏曲研究院演
出的秦腔《谢瑶环》受到批判；马健翎服毒自杀，并写
下"声誉成定论，要活万不能"的遗书；陕西省文联的
柯（柯仲平）、马（马健翎）、黄（黄耀俊）被打成"反
党集团"，柯老拍案激愤而死……这一件件，一桩桩，都
会把樊粹庭往不归路上逼。但他不会这样去死，原因是：

他是一个坚强的人，不到万不得已，他不会选择自戕；他爱他的事业，对它还不死心；他还有个心爱的小儿子爱众，他寄希望于他，期许能以他来延长自己的艺术生命。

在樊粹庭眼里，樊爱众是有艺术天分的，从三四岁起就带他结识戏曲圈里的许多名人，如马健翎、封至模、马连良、尚小云、徐碧云以及赵望云、刘尚达、封至模等艺术界名人，让他从小受他们的艺术熏陶。按当时樊粹庭的家境，虽谈不上豪富，却也殷实，理应让自己的孩子读书求学，走仕途之路。这一切，就当时樊粹庭的人际关系而论，都是不成问题的事。但樊粹庭在爱众十二岁之际，却让他学了戏，为此，樊氏夫妇还大吵了一架。为提高爱众的技艺，樊粹庭延请名师，来家指点，并让爱众拜京剧名家袁金凯为师，还送爱众到山东

樊爱众在《逼上梁山》中饰演林冲的造型，1977 年摄于上海。

济南袁金凯师傅家里学艺。爱众也不负父望，长到十八岁，已练成一身文武兼备、昆乱不挡的好功夫。然而，那个时候，传统戏已被彻底赶下舞台，樊粹庭自己也赋闲在家，父子二人都有浑身使不完的本事，就是无处施展，儿子成了樊粹庭晚年的一大心病。到了1965年，形势越来越恶劣，樊粹庭的心脏病也越来越严重。他自知时日不多，即想托人求助，可自己现在落到这步田地，不遭"落井石"即福，岂敢期有"雪炭"之遇啊！每想至此，心情更加焦虑。这时，他想起远在河南的老友王景中，知道他在河南省戏剧研究所工作，说不定会帮上忙。于是，他马上让常警惕扶自己起来，为了儿子，抱病写下他此生中的最后一封信：

景中老弟：

　　……这次我病犯，确属严重，一日犯至数十次，而且每次病犯，心上剧烈疼痛，历时又长，不能过去，再加

一封"托孤"信

王景中(1916—2007),著名剧作家,20世纪四五十年代主创或改编的《花木兰》《白蛇传》《拷红》(人称"红白花"),均由常香玉主演,成为豫剧经典剧目。樊粹庭称他为"戏剧界的鲁肃"。(王留芳供图)

日夜失眠，心中惊惧，痛苦之状，不可与外人道也。幸高智怡兄每日来诊视，使用各种方法才救我脱了危关。今日之能给你写此信时，恍如隔世矣。

当我在病危之时，自分必死，想起河南方面最知心者唯您而已，一封草书实有托孤之意。

我对艺术的认真和要求，是你所深知，我为了培养爱众学习艺术，经济的耗费姑且不论，即就我所耗费的心血而言，估计升斗难量。

（作者注：写至此心脏病发作，三日后续写）

今日为二十一日，下午我病转轻，同时又接到你的第二封信，你对我家的关怀，使警惕和爱众都大受感动。

爱众的艺术学龄已近七年，艺术成就虽未能谈到深入妙境，但在文武两工均已达到运用自如地步。如若京剧团不招收新人则已，否则全凭考试，无须太大的情面。何况爱众已不需多少待遇，月给若干吃饭费即可维持。

樊尚文(中)与樊爱众(右)、樊莹,1956年摄。(樊爱众供图)

……我为社会上珍惜此人才。希我弟为爱众大力运用,则受赐者不仅我全家而已也。

此致

敬礼

愚兄粹庭拜托

十二月二十一日

舐犊之情,托孤之意,跃然纸上,读后令人潸然泪下……

时过十天,到了1966年1月1日,凌晨两点多钟,樊粹庭病情突然加重,喘、吐不止,小儿子爱众连夜攀树越墙到智怡医院,请来高智怡医生,经诊治稳住了病情。高医生走后,剧团里的演员张敬盟、张长友等闻讯赶来;这一天是新年元旦,来看望父亲的大儿子樊尚文正好也来到了他的身边。尚文是樊粹庭与老家遂平张氏所生之子。众人见樊先生情况不妙,决计送他到省医院住院。就在大家上前搀扶他时,他急忙向大家摆了摆手,却一把把尚文揽了过来,将右臂搭在他的肩上，随后将左臂搭在了常警惕的肩上，依扶着他俩，走出家门，坐车去往医院……樊粹庭的这一举动或许是有他的想法，一方面，即使现在病重了他也不愿意烦劳别人——他这辈子太要强了；另一方面，大儿子尚文此时在他身边，给了他极大安慰，他对儿子充满爱抚，同时也怀有愧疚，毕竟这么多年来对尚文和他母亲关照得太少了。事后樊尚文对人讲："父亲一向对我严厉，从没有给过我笑脸。在他老人家的最后时刻，他没有接受别人的帮助而要我搀扶，我感到莫大的荣幸和满足。"

就是在这天的下午 3 点 15 分，豫剧界的一代大师，现代豫剧的奠基人——樊粹庭先生，在抑郁、困惑中赍志而殁，走完了坚韧不拔而又跌宕传奇的一生。

他去世后，除了给后人留下五十余部"樊戏"以外，家中衣柜里还留下一个仅剩五元钱的存折……

讣告

现代豫剧之父樊粹庭画传

樊粹庭的一生，是为戏而生、以戏为命的一生，思考
与创作直至最后一息。约 1964—1965 年摄。

(樊爱众供图)

词章悬日月
名迹满江湖

怀念乐粹先生 吴祖光

第十八章 | 词章悬日月　名迹满江湖

1985年12月，"樊粹庭·王镇南艺术成就座谈会"在郑州召开。

尽管樊粹庭生前为豫剧事业受尽了种种磨难和委屈，但他的卓绝功绩，毕竟赢得了人们的敬重。

1985年12月30日，河南省文化厅率先在郑州召开了"樊粹庭·王镇南艺术成就座谈会"，省内四十余位戏剧界知名人士参加，对他们二人在豫剧发展史上做出的杰出贡献，予以充分肯定。

1986年1月18日至20日，秦、豫两省戏剧界同仁，又在西安召开了"纪念樊粹庭逝世二十周年座谈会"，有二百余位专家、学者和樊氏的生前友好出席了座谈会，盛况空前。著名戏剧家张庚、著名剧作家吴祖光纷纷题词，

1986 年 1 月，"纪念樊粹庭先生逝世二十周年座谈会"在西安召开。

"樊粹庭同志是豫剧的革新家和教育家"，"词章悬日月，名迹满江湖"，对这位功绩卓越的戏剧家给予了极高评价。

时任文化部振兴京剧委员会副主任、中国京剧院副院长马少波先生作诗怀念旧友：

> 醒狮雷吼识樊君，苗秀林深别样春。
>
> 一世辛勤碑史在，长安道上溢清芬。

2003 年 3 月，中国戏剧出版社出版了由笔者撰写的《中国豫剧第一批创作剧目——樊戏研究》。这是国内第一部对樊粹庭戏剧作品及其本人进行系统地、全方位地研究的学术专著，第一次提出樊粹庭先生是"现当代豫剧艺术的奠基人"，堪称"现代豫剧之父"。

2005 年 3 月 15 日，樊粹庭生前曾就读的母校——河南大学，联合河南省文联在开封召开了"著名豫剧改革家樊粹庭先生百年诞辰纪念暨发展

专著《中国豫剧第一批创作剧目——樊戏研究》封面

学术研讨会"。

时任中国戏剧家协会副主席、上海市戏剧家协会主席尚长荣发来贺信：

……作为后辈，我时常回忆起樊公与先父尚小云先生、先岳高智怡先生的深厚友谊！今日之盛会，先人有灵，必将含笑九天，喜泪如雨！

樊公忠于祖国，献身中华民族的文化戏曲事业，用他的智慧谱写了人世间的离合悲欢，鞭挞丑恶，伸张正义，讴歌了民族精神！

樊粹庭戏剧观以及"樊戏"是一个学派，是民族艺术的宝贵财富！须要认真研究、学习和总结！

…………

2013 年 9 月，樊粹庭诞辰 110 年之际，大型戏剧文献《樊粹庭文集》由河南大学出版社出版发行。全书共六卷，

大型戏剧文献《樊粹庭文集》六卷本，由河南大学出版社出版发行。（张大新供图）

三百多万字，荟萃了樊粹庭倾尽毕生心血编创、执导的五十部戏剧文本，辑录了他四十年艺术生涯的自传、日记、导演手记、论文、剧评、书信和不同历史阶段见诸各地报刊的评论文章，全息式地诠释了樊粹庭作为"现代豫剧的奠基者和开路先锋"的内涵，填补了早期河南梆子到现代豫剧这一变革进程中戏剧文献的空白。

中华豫剧文化促进会主办了《樊粹庭文集》研讨会，与会专家对樊粹庭的艺术造诣和《樊粹庭文集》出版的意义进行了热烈的探讨。

2015 年 12 月，樊粹庭豫剧文化促进会在樊粹庭的家乡河南省驻马店市成立。来自省内外的戏剧专家一起来到樊粹庭戏曲文化广角，瞻仰了樊粹庭塑像。

…………

樊粹庭先生一生的经历明明在告诉人们：埋头去耕耘你的土地吧，不要去问收获。只要你撒下种子，你就不会空手而归；只要你对人民办过一件好事，无论你受多大的挫折和委屈，人民都是不会把你忘记的……

① │ ②

① "樊粹庭同志是豫剧的革新家和教育家。"纪念樊粹庭逝世二十周年,著名戏剧家张庚题词。

② "词章悬日月,名迹满江湖。"纪念樊粹庭逝世二十周年,著名剧作家吴祖光题词。

终生大躬掬民
众长安犹闻狮
吼声

樊老粹庭百年
追懷 陳忠實

① "终生大躬掬民众，长安犹闻狮吼声。"纪念樊粹庭百年诞辰，著名作家陈忠实题词。
② "现代豫剧之父樊粹庭。"纪念樊粹庭百年诞辰，著名作曲家赵季平题词。

现代豫剧之父樊粹庭

赵季平

2005.4.10.

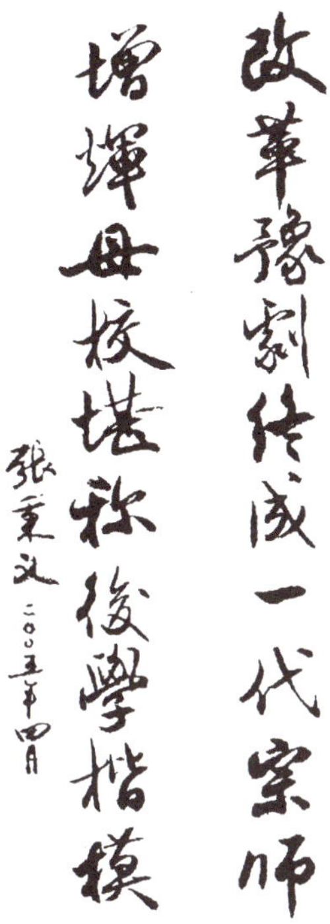

梨园大师樊粹庭先生诞辰一百周年

吴碧波剧界水敬赠

乙酉春初雪霏囗花甫书

中原汉卿

增辉母校堪称后学楷模

改革豫剧终成一代宗师

张秉义二〇〇五年四月

① ②

① "改革豫剧终成一代宗师,增辉母校堪称后学楷模。"纪念樊粹庭百年诞辰,河南大学原党委书记、中华豫剧促进会副会长兼秘书长张秉义题词。

② "中原汉卿。"纪念樊粹庭百年诞辰,豫剧表演艺术家吴碧波夫妇题词。

① 2005年3月,河南大学联合河南省文联召开"樊粹庭百年诞辰纪念暨发展学术研讨会"。

② 2015年12月,"樊粹庭豫剧文化促进会"在河南省驻马店市成立。

樊粹庭塑像，矗立于河南省驻马店市的樊粹庭戏曲文化广角，真切表达了家乡人民对这位"现代豫剧之父"的崇敬之情。杨群英摄于2021年1月。(康健供图)

2020 年秋天，位于陕西西安郊外的樊粹庭先生与
夫人常警惕的墓地,摆放着来自河南的戏迷送上的
鲜花。孙盼珍摄。(月阳供图)

附 录

芳雅笺：1937 年北平观剧日记 [1]

五月四日　星期二　晴

本日下午一时半由济南来北平，住正阳旅馆，当即发蔓芹 [2] 信一封。

晚七时赴广德楼观山西梆剧，剧目为《斩黄袍》《贩马记》《张公赶子》等。前两剧观之令人生厌，屡欲离座。及至《张公赶子》上场，渐觉有趣。高文翰饰张公，老态龙钟，表情深刻。程玉英为该班女主角，扮像 [3] 富丽，举止大方，表情细腻，动作稳当，不可多得。惟当剧情紧张之际，未能显出惊异神色，确为美中之不足。然较之余在陕时观唐风 [4] 某旦，高出何止千倍！谚云：行行出状元，程、高二伶，当之无愧。

"广德"为一守旧派剧院，舞台布置甚零乱，上座仅二百余人，该班恐难在北平持久。

可资效法者为：

一、高文翰去[5]年迈的老公之持杖行步姿势。

二、程玉英去中年妇人之稳当动作、细腻表情。

五月五日　星期三　晴

本日移居大金台。上午发蔓（芹）信一封，饭后赴中国大学访安慕陶，未晤。

下午赴中和剧院观北平戏曲学校剧，本日剧目为《顶花砖》《太史慈》《行善得子》《洛神》及《乾坤圈》等。各剧演来尚称气派，化装、动作均不奇离、过火。惟《洛神》一剧，配以灯火布景，类似外江[6]作法，剧情、场子均觉有不合适处。至胡金涛之太史慈，宋德珠之石矶娘娘，武工颇有可观。《行善得子》"买子"归来，屡唤大哥回来之高兴忘形情形，益觉古人编剧时之用心揣摩深至也。

今日票价为三角五分，上座有六百余人。

可资效法者：

一、舞台布置以暗黄色垂幕及黄缎心古铜色镶边门帘均佳。

二、武角色每于下场时以紧急动作之猛力亮相为有劲。

三、文旦下场时之扔袖，小生下场时之绕手抖袖，均可法。

四、武生下场时之退步扔鬓带，亦可借镜。

五月六日　星期四　晴

早发赵义庭函一封。

上午赴华乐购梁秀娟明日戏票，并顺便至前门大街各行头店一看。下午赴开明观蹦蹦戏[7]，粗野胡闹，毫无可取，观之令人作呕。

晚赴庆乐观剧，开场戏《铁公鸡》等武工尚有可观，次为马丽华之《虹霓关》，扮相虽伶俐窈窕，而动作欠稳，武工不到佳处，较之戏校宋德珠相差远甚。想伊或系票友出身，欠缺基本功夫也。筱兰芬演轴戏《斩黄袍》，去赵匡胤，举止大方，毫不带坤伶态度，确属不可多得，孟小冬[8]以下无二人焉！且嗓音洪亮，调宗刘派[9]。

顾曲者以老先生与名媛两类人为较多，想前者系刘氏之遗民，后者系兰芬之女友欤！

今日上座有二百余人，票价前排五毛。

观戏所得：

一、筱兰芬抖袖时，向前轻轻一动极雅观。

二、袍带行头均系高潮水团龙花最时样。

五月七日　星期五　晴

十时赴东安市场购得《韵学字典》一册，下午一时赴广和楼观富连成社日戏，李世芳、江世玉演《游园惊梦》（昆曲），尚觉可观。李扮像美丽。动作典雅，颇为难得。惟为刘元彤之《汾河湾》去柳迎春，深得众客欢迎。盖以刘年方十二岁，甚至一举一动均极老练稳当，且表情细腻，大有超过李世芳处，扮像亦佳。可见老戏在技术方面，深足令人钦佩也。轴子戏为《宦海潮》，乃清代故事。时装旧唱，余最反对，且编剧技术极为拙劣，以旧剧著名之富连成何所取而演之耶？

票价三角，有三百余座。

晚八时赴华乐观梁秀娟之《汉明妃》，首尾各场唱皮簧[10]，中段《出塞》两场唱昆腔，梁扮像尚佳，惟上唇较短，亦无大碍，表情极活泼，兼擅武工，但有时太嫌过火，似"海派"之杨月楼，想系过于卖力之故。而两场昆腔烘以采女御辇，佐以马夫之筋头，官丑之狂跳，服装鲜明，且歌且舞。汉装乘辇之柔情，胡服骑马时之矫健，种种姿势，表现无遗，余深钦佩昆曲身段研究之奥妙也。

今日票价六角，上座仅百八十余人。

今日观剧所得为：

一、李世芳转身时，双手提袖之身段颇佳。

二、刘元彤唱时，以手抬起及肩之姿势亦好。

三、梁秀娟左右倾斜歪头照镜，转身稳慢及一手（左）背、一手（右）扶左胸之身段均可学。

四、某老生双手抖袖由两边起颇潇洒。

五、《出塞》时送行官丑之种种跳步极艺术。

六、梁之桌围用雅黄色缎，浅色豆绿镶边颇雅观。

七、杜元田演《汾河湾》，言至"你与我死"之动作颇佳。

五月八日　星期六

下午观剧校新剧《玉狮坠》，该剧为程砚秋秘本，但亦不见特佳。因全剧念白过多，类似话剧，且两旦角之表情均不能恰到是处，仅只装哭笑而已。邓德芹扮像不美，武工欠熟，难任主角。小生储金鹏表情、念白、扮像均佳，将来大有可造，当不让叶盛兰等美于前也。

晚观尚小云，在第一舞台演唱之《绿衣女侠》。此剧由余之《涤耻血》脱胎下来，自行编排，然竟将好场完全"脱"掉，场子拉杂不堪，愈演愈松懈。总观，除尚之武工可看外，余皆无一可取。盖以尚在汴出演时并未得睹此剧，仅由邹先生[1]口中述得大概。本欲借镜，反觉失望。

但本晚上座甚多，收入当在千五百元以上。

今日观剧所得：

一、发现各角水袖不动时都叠在手上。

二、武旦翻身扔马鞭及退步勾脚姿势。马鞭系三蓬穗。

三、第一舞（台）两门帘后又设各障一屏，极雅观，宜学仿效。

五月九日　星期日

下午在庆乐观李万春演《羊角哀》剧，李扮像、唱、做均佳。《舞剑》《自杀》两场英姿激昂，绝非俗伶所能做到，惟《定交》一场，系在隐居时代，而却用一足登朝靴，身着华服之书童，似不合宜。兹剧感人最深，处此世风日下、人心浇漓之际，此种剧宜多编排为善也。

晚在吉祥观荀慧生《秦娘》一剧。荀眼眶深陷，扮相已老，服饰破旧，颇现潦倒气象，无怪其不赴外埠演唱也。《秦娘》剧极简单，且系古装、时装并用而加化装跳舞等新名词，更觉麻人。该剧剧情之最大转变为隔场之廿年后，而所有之剧中人装饰竟不稍加变更，其非大错？至做工因扮像显老原故，亦作态总嫌过火。结场以打诨喜剧告终，词句间针锋相对，颇觉不俗。

一、老旦穿绿绸裙为合宜。

二、武净以两手同时向外分须为有力。

五月十日　星期一　晴

上午发蔓芹信一件，下午赴北洋戏园观金钢钻、小香水 [12] 之京梆子。金在十五年前红极一时，今老矣，然嗓子仍极高亮，颇不易得。今日剧目为《万里长城》，神情、动作均不注意认真，无可取处。

晚赴哈尔飞观《甘露寺》。言菊朋唱做念白均极至佳处，句句有味。其子少朋嗓子太低，做工类似外行，差乃父远矣。坤伶李艳云去孙尚香，唱工尚可，而身材太低，眼睛过小，面庞太瘦，不无减色耳。

可资借镜者：

一、旦角上场时，出门帘往右斜迈一步再亮相为有神。

二、戴黑或红虬之"花面"，以整理靠嘴边之一股须为有劲。

五月十一日　星期二　晴

上午接得蔓芹等来函，颇焦急，当即发一快件，指示办法多项。下午赴王府井大街购物，做西服一套，价三十三元，颇后悔，因觉太昂贵也。复购黄河水灾彩票一张，碰碰机运如何。归来又发栾金玉 [13] 函一封。

晚赴吉祥观富连成社《藏珍梅》剧，八时已告座满。余向茶役再三申请，始在边座获得一席，时刘元彤正演《贺后骂殿》。莺声乍起，掌鸣如雷，唱做均佳，此子真堪称"小梅兰芳"矣。《藏珍梅》一味海派气，而所有之布景道具等又极简陋。北平观众眼光不复如前时之严格矣。野味适口，花样翻新，皮簧昔日之兴盛，昆弋日趋穷途，同一理也。余不乐观此等剧，未终场而归。

一、李世芳、毛世来均系古装穿花青衣式上身，颇雅。

五月十二日　星期三　晴

上午发邹先生信一件，下午赴广和楼观富连成社。今日剧目为《战渭南》《庆顶珠》《九更天》《恶虎村》。尽是老剧，观之颇觉过瘾。所有各剧中情节之细腻，词句之恰要，大有挪一字不可之势。黄元庆之马超，刘元彤之桂英，以十余龄之幼童而能出此，真天才也。反观毛世来、李世芳演剧呆板神情，抑艺术之未深造耶？或因名高不肯卖力耶？

今日观剧所注意者为：

一、武生扭大带换手之动作。

二、武生绕剑穗之动作。

三、旦角反掌一指，指出之手势。武旦下场，一手（左）背后好看。

四、老生下场，双袖互摆动颇觉有劲。

晚观孙盛芳剧，艺极平庸，虞姬舞剑极拙笨，恐非科家。

五月十三日　星期四　晴

上午至新新理发馆推头，并至新新剧院购程玉霜[14]《柳迎春》剧票一张，归来发蔓芹信一封。

下午观富连成社剧，阎世善之演《火棍打韩昌》一场颇为精彩。《取桂阳》詹世辅之赵范，念白、表情均极佳妙。叶世长之赵云亦可观，剧中赵范叙明寡嫂敬酒之原故一段对白，句句能将英雄气概表出，深佩佳作。叶盛章之杨香五，亦有独到之处。无怪该园每场均有人满之患也。

晚观王又宸《斩黄袍》，《加袍》一场，衣帽均系出场即已穿上，黄袍加身，仅添两帽穗而已，可谓懒极。所唱各段亦不卖力。

今日得于心者为：

一、老生袍带上场时，整鬓后以手心向外正须。

二、打韩昌时一人拉腿且打下颇佳。

五月十四日　星期五　阴　小雨片时　风

上午赴东安市场购物，下午赴中和观戏曲学校剧。本日剧目为《五湖船》《战马超》《法门寺》《洗浮山》等。余去较晚，时正演《法门寺》后段，赵金年之赵廉唱做均属可观，侯玉兰之宋巧姣亦佳。惟刘瑾审案时，有"送他济良所""用火车碾死他"等字眼，近似儿戏。结果，刘、赵与小丑（太监）打诨下场，益见精彩，且十足形容当时权臣当道，加官晋禄皆于儿戏中为之，而赵廉由之因祸得福，此所谓不幸中之幸矣。《洗浮山》系武剧，演清朝黄天霸、贺天保故事。王金璐饰贺天保，扮像英俊，武工纯练，歌喉响亮，表情深刻，余甚佳许之。其他演员武工佳者极多，惜因武工剧动作紧凑敏捷，余只觉其佳，而不能记忆其佳处之方法也。

一、赵金年饰赵廉，穿官衣甩水袖，又继以轻轻向腿一扶颇佳。

五月十五日　星期六　晴

早起心绪恶劣，莫可名状，无聊故也。但细思此时余之担负何等重大，岂容有丝毫怠惰耶！无埋头功夫做不得宇宙事业，后当振作，努力学业、编剧等工作，绝不再事颓丧，自负负人。此心耿耿，敢誓天日！

下午将住室加以整理，焕然一新，窗明几净，空气流通，正好努力工作之所。二时接得栾金玉快信，得知汴中组班情形，甚慰！

四时赴广和楼观富连成社，大轴为《战宛城》，演来颇有精彩。兹录该剧中演员优点如下：

一、龙套对上至台前，将标旗同时一低头，两条边时，扭转下均佳。

二、生角正须时先以手背向外。

三、曹昂，沈世启饰，奉令劫邹氏时以扇举之鬓边，连翻扇下。

四、曹操骑马踏苗之动作甚佳。

晚间赴新新大戏院观程砚秋《柳迎春》剧。九时轴戏即出场，因由薛礼为佣时上场演起故也。该剧由程饰柳迎春，颇能认真去作，一切动作恰到是处。虽身体较胖，亦无碍其身段之美。惟薛仁贵于不得第时服饰太嫌阔绰。及从军离别一场，所用酒具似觉华贵，非贫家所应有物，此等处虽系小节，亦颇有玷于剧情。该剧经程改革方面甚多，如不出神虎等。但白须未审何人，想必神人之救丁山者，盖不如此剧情无法转折也。余意此时可上一隐侠之流，将丁山救醒，敷以药物，负之而去较为妥善，则迷信之气全脱矣。

兹录优点如下：

一、柳与薛取笑时以手背掩口颇佳。

二、别窑时之跑圆场，程以水袖向后斜抬起跑甚好。

三、进窑、出窑之姿势均佳。

四、台上布置甚整洁，并废除正面门帘，正合我意。

五月十六日 星期日 晴

上午在寓看报未出。某报登有论梆剧一段："……此剧可谓遍于华北，随处皆有……至各省音调不同之处：河北梆子高而猛，晋陕梆子委而柔，河南梆子短而促。各省音调虽有地道之别，然亦有相仿之处，且所演各剧大致相同，可见梆子剧实具有悠久历史而有相当价值。冀、晋、陕三省梆子虽较昆弋皮簧价值低，然尚不失为正当戏剧。……惟河南梆子未免过于粗俗，唱词亦欠文雅，说白完全土语，又觉鄙俚，使人听之殊觉不耐听。所以，河南戏虽亦曰梆子，实不能与冀、陕、晋梆子并论也。"观此，可见外省人士对豫省梆子轻视之一斑，负责改革之任，谁愿当之，以洗此耻辱也耶？！

今晚观谭富英、沈曼华剧均佳，兹将本日观剧心得录后：

一、龙套于主角念诗后将旗放下，再往里站。带马时一行在前台横站，同时向外翻旗。

二、平剧战时均标旗，纛旗仅用于大将身后。

五月十七日　星期一　晴

上午未外出，观《聊斋》数段，读泊生君著之《中国戏剧之演变与新歌剧创造》，议论甚为扼要，王君真有志人也。

下午观富连成社《弓砚缘》，李世芳饰张金凤，毛世来饰何玉凤。二伶表演亦无有多大精彩，实因表情动作未能入神故也。次为《长坂坡》，黄元庆饰赵云，刘元彤饰糜夫人。二童伶均十三岁，表情动作无一不佳，台下掌声雷动，泃英才也。刘被箭射倒时之疼痛状态，黄观重兵将逼近，主母仍不肯上马，着急情形表演极佳，余当拭目以待二伶之成名焉。

晚间赴东安市场购童伶相片十余张，与徐州孔君寄去。售相片者王某对于各班情形甚详悉，由伊口中得到资料不少。

一、袍带生出场一停，再行之桌边，双甩袖、提袖、正冠、正须、单抓袖，行前台甩袖、提袖、托带、转身、单甩袖坐下。

二、武生指出手势又复猛力一动为有劲（如"那曹兵——他——"），念白，一字拉长后两字紧连。

五月十八日　星期二　晴

今日为农历初九日，汴中组班情形未审如何，颇焦急。蔓芹等苦不来信，余近几日心绪恶劣，日甚一日，即余自己亦不解何故。总觉人生太苦恼，不如死了干净，前思后想，无一条使余能兴奋者。人生最苦者莫过于徘徊、烦闷二字，余甚尝试之矣。

上午携书赴中南海，信步遨游，中怀为之一爽，直至下午六时始返寓所。

晚观金少山剧。金嗓音洪亮，架子大方，念白正确，不愧为黑净泰斗。

今晚观剧所得：

一、绿龙套配以金黄边颇美观。

二、耳八文配杏黄缨亦佳。

三、黑蟒用金绣花龙，高潮水（金的）间用三灰最佳。

五月十九日　星期三　上午微雨　下午晴

上午接蔓芹信一封，知得汴中一切情形，甚慰。当即复函一封，请伊准时如约也。午后赴北海公园遨游，并携舞台艺术刊物一册，以备阅览。出园后顺便至市场购物数件，归来已九时矣。

晚间九时半赴华乐观毛世来之《英节烈》。该剧编排颇佳，十年时间，千里路遥，用写意法表述，足见手腕不弱。惟因各演员演之未能传神，故已无精彩也。叶盛章演《安天会》，饰悟空，身段之佳，表情之妙，难以笔述。该伶之艺术深堪嘉许，无怪伊誉满全国也。

今日观剧所得列后：

一、旦角哭时以双手拉水袖，先拭左眼，再拭右眼，颇雅致。

二、大号用于大帅上场时吹之，颇壮气概。

三、叶之悟空吃果、吃仙丹、看果下场架均极佳。

五月二十日　星期四　晴

上午十时始起床，后当早起，切戒懒惰。盥漱后读古文《吊古战场》一篇，看《聊斋·婴宁》一段。

下午一时赴东安市场购物，归寓接栾金玉函一封，内有"人在人情在，人去人情无"之句，令人颇耿耿于心焉。丈夫应自立，尤何必处处求人也。

晚观筱翠花（于连泉）《拾玉镯》《翠屏山》两剧，印象颇佳。盖以于之扮像不俗，表情处处生动，恰到好处，如饲鸡、拾镯、藏镯、做鞋等身段，妙不可言。且跷工之佳，亦非晚近伶辈所能及。至《翠屏山》杨雄酒醉之夜，潘连换几次衣服，与进谗一段，且说且做，身段均可效法。

一、见玉镯以两手扶两胯迭动，做羡慕状。

二、进后场时以双手背后慢慢下（用以之于穿帔时方可）。

三、以右手击左手说"是啦"之姿势。

四、花旦以水袖或手巾时轻轻拭（非大拭系轻沾），为美观、细腻。

五、旦坐时以两臂交叉着搁在一条腿上颇佳。

五月二十一日　星期五　晴

上午起床读古文《喜雨亭》及《晁错论》，并阅《聊斋·聂小倩》一段。午后赴市场购衬衣一件，返寓后编剧提纲至十六场，煞费心血矣。晚观章遏云、程继先之《三拉团圆》，章、程表演均佳，而章之扮像、身段均美，又在各坤伶之上。

兹将今晚观剧所得述后：

一、李老儿在狱中挨打时之跪走姿势颇佳。

二、章称"相公啊"三字，尾音落在"公"字上，柔而长，极耐听。

三、程被惊坐地，一手扬袖，一足跷起，及着急时搔脖子，身段均佳。

四、桂枝戏其夫时说"三日后听审",同时以手抔摸其下颏并击帽。

五、章穿青衣上场至公案桌,仅将袖一垂再抖起亦佳。

余谓:伶人演剧动作缓而稳,但神情要时时注意;念白慢而俏,但吐字要个个清楚。(以上在普通情况之下用之)

五月二十二日　星期六　晴

上午读古文两篇,看《聊斋》三段。下午赴富连成社观剧,得睹全本《浣花溪》,亦幸事也。未候剧终,又至中和观戏曲学校之《碧玉簪》。此剧为程砚秋之新剧,大致尚佳,惟不应将丑角陆少庄为念张玉贞而致死,盖如是反彰其多情也。多情人似不应计害别人,亦不应以丑角充之。储金鹏、关德咸二生之表情确属可观,念白亦甚有力,有后望焉。

一、毛世来骑马上场时,左手持枪放右臂腋下,右手执马鞭上。

二、战胜时将枪向右方一绕,托枪在怀亮相。

三、杨子林自杀时,先抱剑在怀,蹉脚步,转身倒,横剑刎颈死倒地。

四、侯玉兰之被关德咸足踢时腾身坐地,颇佳,似砚秋姿势。

五、关德咸念白有"从实说来讲"的"讲"字极有力,或二字联结亦如其说。

六、小生褶子用浅黄绿色,雪青绣花边颇雅观,但帽色亦须一样。

五月二十三日　星期日　晴

上午读书未外出。下午赴光陆影院看影剧《良心的谴责》。晚观富连成社公演《娟娟》,即《玉虎坠》剧,由尚小云君加以编增者也。场子冗长无趣，且不紧张，如《探监》《庵遇》《认媳》《假扮》各场，均不如豫剧情节。总之，该剧各地均能扮演，而所演故事亦大致雷同，惟以骨虽相似而肉各异，胖瘦妍媸，要在作家艺术腕如何耳。编剧当能利用"暗场"，但"暗场"剧虽不明演，而必须观众明了。故不善用者，即使观众如堕五里云雾中矣。

兹将该剧所有之场子述后，以作异日参考：

1.马武下山；2.冯晏家庭；3.拾坠；4.问卜；5.相打；6.托聘；7.杀腾；8.罪子；9.堂讯；10.计害；11.赶媳；12.探监；13.庵遇；14.赠坠；15.进香；16.拾子；17.再计；18.允亲；19.认媳；20.遇武；21.击堂；22.打劫；23.交战；24.焚山；25.马逃；26.假扮；27.遇祖；28.团圆，等场，均无可取。惟母子遇雨之跑圆场颇佳，因用碎步故也。

五月二十四日 星期一 晴

上午读书未外出。下午赴中和剧院观戏曲学校《五彩舆》一剧，系明代海瑞被谪为淳安县令私访故事，该剧演来非常松懈，毫无可观，破绽现于各场，实无可批评价值，更无可借镜之点。

兹将关于扮像方面者录后：

一、严嵩、曹操一类奸臣脸，戴冠不大亮脑门。

二、旦角青衣类多头上有一黑角尖。

三、门官、二爷之丑角常戴圆翅纱帽，黑官衣或黑褶子，均束腰。

今晚至玉壶春听荣剑尘大鼓，颇觉雅韵，而河南坠子某坤伶虽外表不差，而站立均不稳当，贫气十足。

十二时赴车站迎接蔓芹等来平。相见之下，欢快莫名。返寓畅谈至深夜始各就寝。道及汴方组班事，感慨颇多。人情薄如纸，信矣。

五月二十六日　星期三　晴

下午同蔓芹等赴中央公园、北海公园游历。晚间偕赴新新大戏院观戏曲学校全本《王宝钏》，所有角色均不见佳，惟以侯玉兰较好，盖因系程玉霜亲授之高足也。

兹将今日观剧所得述后：

一、邓德芹之拉手势，手心极力向外。

二、生角亮架时，一手持枪，一手指向下，手心向外伸臂。

三、侯玉兰《武家坡》下场逃跑，紧步绕场之步伐。

五月二十七日　星期四　晴

上午未外出。下午偕蔓芹等游景山，山之东麓有一古槐，围一矮墙，旁立一石，书明思宗殉国处，盖即崇祯帝于闯王扰京时，由后宫门奔至景山吊死之地也。人主末路良可慨叹。出景山赴故宫中路参观一周，返来已六时许矣。

晚间赴哈尔飞观陶默厂《玉堂春》。陶本外行出身，故嗓虽佳，身段不好，亦无甚可仿效者。

一、且角哭时耸肩连连。

二、进门时快步，一手放在臂上，弯腰入内。

五月二十八日　星期五　晴

下午两点偕蔓芹等游故宫三大殿，四时返寓后复往富连成社观剧。本日剧目为《断密涧》《铁弓缘》《贺后骂殿》《赵家楼》等。演来颇见精彩，而又以刘元彤之《骂殿》唱做均佳。

兹将本日观剧所得述后：

一、旦角撩水袖时抬肘与心平即可，同时一肘背后。

二、武生亮架子时，以手由脸旁直下到肚旁再握拳有劲。

三、北剧外角多不敷粉。

五月二十九日　星期六　晴

下午偕蔓芹游中南海公园。晚赴吉祥观荀慧生《绣襦记》，全剧有二十余场，剧情颇佳，惜场子略现松懈，结构之处亦不无小有破绽，结场更无精彩，不无瑕疵耳。至荀个人表演确属细腻，有独到之处。惟因年纪较大，颇现过火情形，但亦不能掩其优点。兹分述于后：

一、装饰时之被迫左右阻挡剑之势之身段。

二、跑场之身段，水袖绕起。

三、被刑时表情，眼往上看，现害怕状。

五月三十日　星期日　晴

本日为礼拜日，上午未外出，午后偕蔓芹等赴哈尔飞观章遏云《羊肚记》剧，即全本《六月雪》也。该剧到处皆有演者，惟仅只《探监》或《刑场》两场。今日得睹全剧，情节亦无甚曲折也。

一、章之忿气下场时将袖子两分，拂一背下颇佳。

（日记至此结束）

作者注：

1. 本书作者依据手稿文字，进行了重新分段、标点及注释。

2. 陈素真的爱称。

3. 今通作"扮相"。后同，不另注。

4. 指唐风剧社，在西安的山西蒲剧戏班。

5. 戏曲界内为扮演、饰演的意思。

6. 指"外江派"，京剧表演方法上的一种流派，亦称"海派"，与"京朝派"的表演艺术风格形成鲜明的对比。

7. 即评剧。

8. 孟小冬（1907—1977），20 世纪三四十年代京剧女老生中的出类拔萃者，有"冬皇"之誉，系余叔岩亲传弟子。1977 年卒于台北，享年 70 岁。留有《凝晖遗音》录像带传世。

9. 系指刘鸿声（1875—1921）创立的流派，该派的声腔艺术以洪亮高亢见长，其上承孙菊仙，下启高庆奎，代表剧目有"三斩"（《斩黄袍》《斩马谡》《辕门斩子》）、"一探"（《四郎探母》）。

10. 今通作"皮黄"，指京剧。后同，不另注。

11. 系指清末遗老邹少和，著名书画家，久居开封，著有《豫剧考略》，为豫剧史论第一人。

12. 她们一为青衣，一为须生，均系河北梆子著名演员。

13. 后改名栾蕴玉，为豫声剧院"大总管"。

14. 即程砚秋，字玉霜，后改为御霜。

樊粹庭剧本创作年表

创作剧目

《凌志云》 1935 年 3 月

《义烈风》 1935 年 5 月

《柳绿云》 1935 年 7 月

《三拂袖》 1935 年 10 月

《霄壤恨》 1935 年 11 月

《涤耻血》 1936 年 2 月

《女贞花》 1936 年 5 月

《伉俪箭》 1937 年 4 月

《奸毒计》 1937 年 11 月

《巾帼侠》 1937 年 12 月

《好妻子》 1939 年 5 月

《为国纾难》 1939 年 5 月

《丽西施》（话剧） 1939 年 9 月

《克敌荣归》（曲剧）　1939 年 9 月

《花媚娘》　1940 年 9 月

《孟香屏》　1941 年 2 月

《鹤归楼》　1943 年 3 月

《无敌楼》（连台本戏）　1943 年 5 月

《月宫玉兔》　1945 年 8 月

《孙悟空大闹花灯》　1945 年 12 月

《汉江女》　1946 年 3 月

《席永平》　1946 年 6 月

《羽巾误》　1947 年 5 月

《红珠女》　1947 年 9 月

《西厢外传》　1948 年 3 月

《再生铁》　1949 年 12 月

《法网难逃》（现代戏）　1950 年 3 月

《宋景诗与武训》　1951 年 7 月

《两条路》（现代戏）　1952 年 3 月

《杨柳村》（现代戏）　1953 年 6 月

《吕四娘》　1954 年 5 月

《松树坪》　1958 年 4 月

《水工郑国》　1958 年

《马蹄湾》（现代戏）　1958 年

《一斤粮票》（现代戏）　1959 年 12 月

《钱塘射潮》　1959 年

《杨满堂》　1960 年 9 月

《红灯绿酒》（现代戏）　1962 年

改编剧目

《叶含嫣》　1941 年 4 月

《齿痕记》　1941 年 10 月

《大祭桩》　1944 年 3 月

《卖苗郎》　1944 年 7 月

《金山寺》　1945 年 2 月

《雷峰塔》　1945 年 3 月

《牛郎织女》　1945 年 8 月

《如此节烈》　1951 年 3 月

《双蝴蝶》　1953 年 4 月

《劈山救母》　1953 年 7 月

《王佐断臂》　1955 年 1 月

《泗州城》　1955 年 3 月

《李慧娘》　1955 年 7 月

《冲喜》　1955 年 10 月

《火焰山》　1956 年 3 月

《雷振海》　1957 年

《奇袭奶头山》（现代戏）　1958 年

《仙鹤岭》　1959 年

《长坂坡》　1960 年 5 月

《屈打成医》　1962 年

樊粹庭生平年表

(1906 年 2 月 24 日—1966 年 1 月 1 日)

1906 年　　2 月 24 日，即丙午（马）年农历二月初二，出生于河南省遂平县潘庄村。取名樊郁，字萃亭，后更名粹庭。

1912 年　　7 岁，入私塾就读。

1917 年　　12 岁，念高等小学。

1919 年　　14 岁。春，赴开封求学，考入河南省留学欧美预备学校（第三次英文科）。课余时间开始参加戏剧活动，在康乐社票房学唱，担任学校旧剧（即京剧）部部长，登台演出《马前泼水》《张松献图》等剧；被同学称为"戏子"。

1923 年　　18 岁。冬，留学欧美预备学校毕业，转入中州大学（即河南大学前身）预科，半年后转入本科教育系学习；选修戏剧家陈治策所授的戏剧课；在校演出陈大悲、熊佛西等人所编话剧，如《维持风化》《复活的玫瑰》等，擅演女主角，有"中州大学梅兰芳"之誉。

1928 年　　23 岁。冬，河南中山大学（中州大学改名）毕业。由祖父做主，娶邻村张氏女子为妻，生子尚文。

1929 年　　24 岁。2 月，到河南农村组织训练班，教学生演戏，自己也参加演出，所演剧目有《山河泪》等。

　　　　　　11 月，转任河南省教育厅社会教育推广部主任，管理戏曲、电影、体育等项工作；制定《民众教育建设纲领草案》于本月 29 日发表在《民众教育辑要》第一辑。

1930 年　　25 岁。与李凌波结婚，生子伯瑞、伟林、毅强。

　　　　　　开始从事以河南梆子为主的地方戏曲调查研究工作，并与当时名艺人交往。

1931 年　　26 岁。秋，赴上海购置电教设备，带领推广部同事，在全省县乡各地巡回放映电影，跑遍全省百分之七十五的地方。

1934 年　　29 岁。秋，弃政从艺，在教育界集资一万元现洋，改建开封相国寺内的永乐舞台，创办豫声剧院，集众多名艺人参加，如张子林、赵义庭、黄儒秀、李金花等，并以陈素真为主演，从此开始了专业戏曲艺术的生涯。

1935 年　　30 岁。2 月 5 日，即农历大年初一，豫声剧院首次公演，陈素真领衔主演，依次上演《赶花船》《卖衣收子》《花打朝》《春秋配》《闹书馆》《大祭桩》等剧。

　　　　　　3 月，仰慕陕西易俗社，开始学编新戏，其处女作《凌云志》问世。为豫剧第一部原创剧目。

　　　　　　5 月，创作、演出第二部剧作《义烈风》。

7 月，创作、演出《柳绿云》。

10 月，创作、演出《三拂袖》。

11 月，创作、演出《霄壤恨》等。

1936 年　31 岁。社会教育推广部停办，调回教育厅。

3 月，创作、演出《涤耻血》。

5 月，创作、演出《女贞花》。

以上七部剧目，成为"樊戏"经典，传唱至今。

6 月，上海百代公司为豫声剧院灌制十二张唱片：陈素真十张，赵义庭两张。这是豫剧有史以来第一次灌制唱片。

其父樊允襄登报声明与他断绝父子关系。

12 月 27 日，迫于社会和家庭的压力，无奈卖掉剧院，只身出走，开始流亡观戏的八个月。

1937 年　2 月，赴西安看秦腔，拜访易俗社刘尚达，结识封至模；随后又到汉口、南京、上海、杭州、济南、北平等地看戏。

4 月，创作、演出新戏《伉俪箭》。

5 月 4 日到北平，住正阳旅社，每天看戏两场，写下《芳雅笺》日记二十六篇，为以后的编剧和导演工作积累了丰富资料。24 日，陈素真同母亲一起到北平，经沈曼华介绍，请赵绮霞教陈素真文戏，范富喜教武戏。

7 月，"七七事变"发生，由北平返回河南，在商丘县朱集车站重新组班，仍以豫声剧院人员为骨干，成立狮吼旅行剧团，在河南、安徽部分县镇进行募捐演出，所演《涤耻血》等剧受到观众的热烈欢迎。

11 月，创作、演出《奸毒计》。

12 月，创作、演出《巾帼侠》。率团回开封，在大陆电影院、华光戏院、中华戏院陆续演出新作《歼毒计》《巾帼侠》以及《涤耻血》等剧。

1938 年　6 月，日本侵略占领开封，狮吼旅行剧团被迫停演，四散谋生。为保存骨干，带领陈素真、赵义庭等人逃至南阳内乡马山口避难。

1939 年　5 月，创作《好妻子》《为国纾难》。

9 月，创作话剧《丽西施》、曲剧《克敌荣归》。

12 月，带领陈素真等人到洛阳重整剧团。

1940 年　农历正月十五，在洛阳恢复演出。当时洛阳系抗战时期政治、经济、文化集中地，募捐义演《涤耻血》《凌云志》《伉俪箭》等剧，甚为轰动，连演数月，招来社会上的忌妒与欺凌。

8 月 6 日，带领全团到达西安，暂住南院门福建会馆，得到易俗社帮助，在三山剧场演出，颇受欢迎，从此在西安打开局面。后在东大街夏声剧院后院，盖起简易剧场，从此狮吼剧团在古城西安扎下根基。

9 月，创作、演出新戏《花媚娘》。

冬，为狮吼剧团演员于爱枝改名常景荻。

1941 年　2 月，创作、演出《孟香屏》。

4 月，改编、演出《叶含嫣》。

10 月，改编、演出《齿痕记》。

1942 年　10 月 10 日，陈素真演出夜场《三拂袖》后，离开狮吼剧团。

农历九月，随着陈素真、赵义庭、许树云等主要演员先后离团，"狮吼"陷入困境。招收豫籍难童二十五人，创办狮吼儿童剧团；因经济异常困难，移至西安北郊贫民窟。

1943 年　3 月，创作、演出《鹤归楼》。

5 月，创作连台本戏《无敌楼》。

秋，与共产党开始接触，结识地下党员陈子敬、李茂堂。

同年，聘请著名京剧演员韩盛岫到团任教。

1944 年　春，率狮吼儿童剧团赴宝鸡、平凉、兰州等地演出，历时一年半之久。

3 月，改编、演出《大祭桩》。

7 月，改编、上演《卖苗郎》。

1945 年　2 月，改编、演出《金山寺》，由王敬先主演。

3 月，改编、演出《雷峰塔》，由王敬先主演。

6 月，改编、演出《牛郎织女》。

8 月，创作、演出《月宫玉兔》。

12 月，创作、演出《孙悟空大闹花灯》。

1946 年　3 月，创作、演出《汉江女》，由关灵凤主演。

6 月，创作、演出《席永平》。

1947 年　农历二月，与剧团主演、教练常警惕结婚，生子樊爱众（又名樊琦）、女樊莹。

5 月，创作、演出《羽巾误》。

9 月，创作、演出《红珠女》，由王敬先主演。

1948 年　3 月，创作、演出《西厢外传》。

1949 年　2 月，受画家赵望云"通共嫌疑案"牵连被捕；后经地下党设法营救及剧团交赎金得以出狱。

5 月 20 日，西安解放，率全团欢迎解放军入城。

7 月，将《霄壤恨》改名为《邵巧云》演出。

12 月，创作、演出《再生铁》。

同年被选为河南省人民代表。

1950 年　3 月，为配合镇反运动，创作、演出现代戏《法网难逃》。

6 月，率狮吼儿童剧团回到离别十三载的开封，演出《涤耻血》《巾帼侠》《柳绿云》《汉江女》等剧。

1951 年　3 月，改编、演出《如此节烈》。

7 月，创作、演出《宋景诗与武训》。

同年，参加西北第一次文代会。

1952 年　3 月，为配合"三反五反"运动，创作、演出现代戏《两条路》。

10 月，赴京参加第一届全国戏曲观摩演出大会。

12 月，参加《在延安文艺座谈会上的讲话》讲习班。

同年，经赵望云介绍，加入中国民主同盟；买下位于解放路的民乐园剧场，从此狮吼剧团有了固定演出场所。

1953 年　4 月，改编、演出《双蝴蝶》。

6 月，为配合婚姻法运动，创作、演出现代戏《杨柳村》。

7 月，改编、上演《劈山救母》。

10 月，率全团参加赴朝慰问团，任西北慰问团文艺分团副团长；赴朝期间，常景获改名常警惕。

1954 年　3 月，成立狮吼剧团新生部，任总指导，常警惕任主任。

5 月，创作、演出《吕四娘》。

7 月，改编《李慧娘》。

8 月 14 日，《河南日报》发表第一篇批"樊戏"文章《坏戏〈凌云志〉》。

同年，被选为陕西省人民代表、西安市政协常委；赴北京参加编剧讲习班学习，较系统地学习了马列主义文艺理论。

1955 年　　1 月，改编、演出《王佐断臂》。

3 月，改编、演出《泗州城》。

5 月，《河南日报》连续发表批"樊戏"文章。

7 月，改编、演出《李慧娘》。

10 月，改编、演出《冲喜》。

同年，聘请京剧名家徐碧云到团任教。

1956 年　　3 月，改编、演出《火焰山》。

6 月，《王佐断臂》参加陕西省第一届戏剧观摩演出大会，获得剧本改编、导演、演出、音乐四个一等奖。

1957 年　　春，狮吼一团赴郑州、石家庄、太原、天津、北京等地巡回演出，主要剧目有《王佐断臂》《杨排风》《劈山救母》《女贞花》等。一团在北京的演出取得成功后，进中南海为中央领导演出《王佐断臂》，受到彭德怀元帅、习仲勋副总理和文化部部长茅盾及周扬、田汉等领导的亲切接见。

9 月，京剧艺术大师梅兰芳在西安演出期间，到访狮吼剧团。

10 月，狮吼二团到郑州、洛阳、新乡、焦作、邯郸、石家庄等地演出，主要剧目有《红珠女》《雷振海》《火焰山》《汉江女》《席永平》《李慧娘》等。

11 月，樊家移居南长巷。

同年，改编、演出《雷振海》。

1958 年　　改编、演出现代戏《奇袭奶头山》；创作、演出《松树坪》《水工郑国》及现代戏《马蹄湾》等剧目。

冬，下农村体验生活。

现代豫剧之父樊粹庭画传

1959 年　春，率狮吼二团赴兰州、银川等地演出。

秋，率狮吼一团赴青岛等地演出。

同年，改编、演出《仙鹤岭》；创作《钱塘射潮》和现代戏《一斤粮票》。

1960 年　春，率狮吼二团赴四川成都、重庆、自贡等地巡回演出。

7 月，赴京参加第三次全国文代会；其间，带爱子樊爱众拜访在京养病的京剧艺人袁金凯，樊爱众正式拜师，成为袁金凯的入室弟子。

同年，改编、演出《长坂坡》；创作、演出《杨满堂》。

1962 年　10 月，率团回河南郑州参加豫剧名老艺人汇演座谈会，并展演《王佐断臂》《女皇别传》《雷振海》《杨满堂》等剧目。

同年，改编《屈打成医》；创作现代戏《红灯绿酒》。

1963 年　4 月，送爱子樊爱众到山东济南袁金凯师傅家学艺，同时考察山东戏剧。

同年被迫退休。

1964 年　此后两年间，因患心脏病无创作。疗养期间接待外地剧团，与作者讨论剧本。

1966 年　1 月 1 日，因病在西安逝世，享年 60 岁。

（樊爱众整理并审定）